임시 정부의 꼬마 신부

임시 정부의
꼬마 신부

신은경 글 | 국민지 그림 | 전국초등사회교과모임 감수

푸른숲주니어

• 추천의 말 •

대한민국의 시작을 열어 준 임시 정부

　우리나라가 대한민국이라는 이름으로 맨 처음 불린 것은 언제일까요? 바로 1919년 4월에 상하이에서 대한민국 임시 정부가 수립되면서부터랍니다.

　1910년에 우리나라는 일본에 강제로 주권을 빼앗겼지만, 식민 통치에 저항했습니다. 하루 빨리 주권을 되찾아 왕이나 황제의 나라가 아닌, 국민이 주인인 독립 국가를 세우기를 꿈꾸었지요. 그래서 독립운동가들은 일제의 탄압을 피해 중국 땅 상하이까지 가서 대한민국 임시 정부를 세우게 된답니다.

　이 책의 주인공 옥림이는 열 살이 되도록 조선 땅에서 나고 자랐지만, 쇠당나귀(기차)와 배를 타고 시댁이 있는 상하이로 가게 됩니다. 당시 상하이는 그곳에 온 '조선인 천 명 중 절반은 직업이 독립운동가'라는 말이 있을 만큼, 독립운동의 열기가 아주 뜨거웠어요.

그중 멋진 일은 임시 정부가 학교를 세웠다는 사실이에요. 당장 먹고살기만으로도 힘든 형편이었지만, 나라의 희망인 어린이를 위해 '인성 학교'를 세우고 독립운동가들이 직접 수업도 했답니다. 옥림이도 이 학교에 다니며 숨겨진 재능과 특별한 마음을 깨닫게 되지요.

백범 김구 선생과 함께 밀정을 쫓는 경무국 사람들의 활약, 인성 학교의 수업 시간, 그리고 옥림이 모습에 스며든 '한국의 잔다르크' 수당 정정화 선생의 삶을 만나 보세요.

임시 정부의 험난한 대장정을 기꺼이 함께하며 헌신했던 가족들, 나라 밖에서도 열심히 배우고 자란 어린이들의 삶을 통해 희망을 잃지 않고 고군분투했던 그 시절 우리의 모습을 발견할 수 있답니다.

자! 그럼 지금부터 우리나라의 첫 시작을 열어 준 대한민국 임시 정부를 만나러 꼬마 신부 옥림이와 함께 떠나 볼까요?

배성호 (서울 송중초등학교 교사, 전국초등사회교과모임 공동 대표)

작가의 말

포기할 줄 모르는 마음

 이 작품의 시작은 2013년으로 거슬러 올라갑니다. 그때 서울역사박물관에서는 한 가족의 독립운동 이야기를 담은 특별전이 열리고 있었어요. 평소 이름만 알고 있던 정정화 가족의 이야기였지요.
 아무 생각 없이 전시를 보러 간 저는 그날 큰 충격을 받고 말았어요. 그전까지 상하이 대한민국 임시 정부에 대해 아는 거라고는 교과서에서 배운 게 전부였거든요. 임시 정부의 활동만 달달 외웠지, 독립운동가들이 상하이에서 어떻게 살았는지는 생각해 본 적이 없었답니다.
 독립운동가들의 삶은 가난, 그 자체였어요. 비록 남의 땅에 임시

로 세운 정부일지언정 민족의 희망인 그들이 이렇게나 가난했다니! 집세를 못 내 쫓겨나기 일쑤에, 버려진 배추 껍질을 주워 반찬을 해 먹다니……. 그런데 스물여섯 해 동안 임시 정부와 함께하며 몸소 독립 자금을 조달하고, 살림을 돌보았던 정정화란 인물은 대체 어떤 사람일까?

집에 와서도 전시 내용이 머릿속을 떠나지 않았어요. 그래서 정정화의 삶이 기록된 회고록 《장강 일기》를 찾아 읽었지요. 그 용기 있고 굳센 삶에 금방 흠뻑 빠지게 되었답니다.

《장강 일기》를 읽는 동안 가난과 울분, 좌절 속에서도 포기할 줄 모르는 마음은 어디서 오는 걸까, 곰곰이 생각해 보았어요. 지금 우리가 누리는 자유와 여유가 거저 주어진 것이 아니라는 점도 새삼 깨달았지요.

책을 덮을 때 저는 한 가지 약속을 했답니다. 언젠가 《장강 일기》를 보며 떠오른 많은 장면과 생각이 녹아든 이야기를 쓰기로 말이에요. 《임시 정부의 꼬마 신부》는 그날 한 약속의 결과물이랍니다.

2023년 봄
신은경

추천의 말　4

작가의 말　6

쇠당나귀, 달리다!　11
여기가 대한민국 임시 정부?　22
독립은 빨간 구두처럼　33
김구 선생님의 구구단 수업　44
상화 오빠의 꿈　54
프랑스 공원의 일본인　64
특별한 임무　74
쪼그라드는 용기　84
언젠가 그날이 오면　96

《임시 정부의 꼬마 신부》 제대로 읽기　108

역사를 보는 눈을 일깨우고
이 책의 시작으로 이끌어 주신
한철호 교수님께
존경과 그리움을 담아

쇠당나귀, 달리다!

처음 보는 기차는 울음소리가 참 이상야릇했다.

"뿌우, 뿌우?"

입안에서 작게 흉내 내 보았지만, 그리 비슷하지 않았다. 거기다 울음을 울 때마다 안개를 마구 뿜어 댔다. 나는 기차를 타려고 안갯속에서 종종걸음을 쳤다. 쇠당나귀라는 별명답게 기차에는 짐도 사람도 엄청 많았다.

쇠당나귀 배 속은 어떻게 생겼을까? 양반댁 대청마루처럼 넓고 평평할까? 아니면 내 방처럼 좁고 옹색할까?

"옥림아, 복대 잘 하고 있지?"

상화 오빠가 불쑥 말을 걸었다.

"……네."

나는 쭈뼛대며 조그맣게 대답했다. 치마 아래로 배에 두른 복대가 또렷하게 느껴졌다. 집을 나서기 전 오빠가 준 거였다.

"배앓이를 자주 한다며? 긴 여행에 아프면 고생이잖아."

복대를 건네면서 했던 말을 오빠가 되풀이했다.

"고맙습니다."

나도 웅얼웅얼 다시 한번 인사를 건넸다.

"고맙다는 말 듣자는 건 아닌데……."

오빠가 멋쩍은지 콧등을 긁적거렸다.

어색해! 기차에 오르면서 속으로 툴툴거렸다. 아직은 상화 오빠가 어렵고 서먹했다. 이틀 전에 처음 본 사람이어서도, 여섯 살이나 많아서도 아니었다. 이유는 오빠가 정혼자라서다.

열 살답지 않게 야무지고 똘똘한 아이. 그게 나였다. 하지만 이런 나라도 갑자기 튀어나온 미래의 서방님을 어떻게 대해야 할지 감이 오지 않았다. 옆집 새댁 언니처럼 몸을 비비 꼬면서 서방님이라고 불러야 하나? 으, 생각만 해도 몸서리가 쳐졌다.

이게 다 돌아가신 아버지 때문이다. 혼인을 약속한 사람이 있다는 걸 이제야 알다니. 그것도 이틀 전에 갑자기 상화 오빠가 찾아와서……. 십 년 전 아버지들끼리 약속했다나? 우리 부모님이 돌아가신 소식을 뒤늦게 듣고 데리러 왔다고 했다.

처음 보는 사람을 덥석 따라가도 될까? 두려운 마음에 안달복달하고 있는데 당숙 아저씨가 말했다.

"네 시아버지 될 분이 내게도 의형제 같은 분이다. 혼인은 장성한 뒤에 하더라도, 그 전에 무슨 변고가 생기면 서로 제 식구처럼 보살피기로 약조했다는구나. 잘됐지 뭐냐! 허허!"

마치 큰 짐을 던 듯 홀가분해 보여서 나는 차마 다른 말을 할 수 없었다.

대신 잊고 살려고 애쓰던 아버지한테 화가 났다. 안 그래도 아버지는 고약한 사람이었다. 집에는 있을 때보다 없을 때가 많았다. 손바닥만 한 땅은 팔아 독립운동에 몽땅 바쳤다. 땅만 바쳤으면……. 기어이 독립군이 되어서는 목숨까지 바쳤다.

그 탓에 엄마는 남의 땅을 부치며 고생만 하다 죽었다. 그 후 나는 당숙 아저씨한테 맡겨져 식모살이를 했고, 오죽하면 동무들이 나더러 콩쥐보다 불쌍해 보인다고 했을까.

그런데도 엄마는 병으로 죽어 갈 때조차 아버지를 감쌌다.

"옥림아, 아버지를 원망하면 안 돼. 다 우리를 위해서 그런 거야."

아니다. 아버지가 엄마와 나를 정말로 위했다면 우리 곁에 있었어야지. 가족은 그런 거니까. 엄마와 나는 나라에 아버지를 뺏겼다. 이미 망하고 없는 나라인데. 그래서 난 독립군인 아버지가 미웠다. 망한 나라는 더 미웠다.

"예쁜 이마에 주름 생기겠다."

상화 오빠가 놀리듯이 말했다.

아버지 생각에 빠져 나도 모르게 이마를 찡그리고 있었나 보다. 후다닥 창밖으로 고개를 돌렸다. 그러나 이내 관심이 옆자리로 옮겨 갔다. 스리슬쩍 눈동자를 굴리는데 상화 오빠와 눈이 딱 마주쳤다. 배시시, 오빠가 눈을 휘며 웃었다.

으악! 얼굴이 화끈화끈했다. 동무들이 봤다면 알나리깔나리 놀려 댔을 게 뻔했다. 창피해서 어째? 속으로 머리를 쥐어박으며 창 쪽으로 아예 몸을 틀어 버렸다.

유리창에 비친 내 모습이 무척 낯설었다. 혼인한 여자 같아. 달랑거리던 댕기 대신 쪽머리라니. 부부로 보이는 게 낫다는 오빠 말에 길을 나서기 전 부랴부랴 틀어 올린 머리였다. 왜 부부로 보이는 게 좋은지는 듣지 못했다.

그러고 보니 상화 오빠에 대해서도 아는 게 별로 없었다. 팔 년 전 오빠네 가족이 만주로 이사 갔다는 것 말고는 제대로 들은 게 없었다. 혼인은 나중 일이라지만 언제 하는 건지, 나도 엄마처럼 농사일과 집안일을 하면서 사는 건지…….

차창 밖 풍경들이 눈에 들어오기 무섭게 멀어져 갔다. 갑자기 속이 울렁거리며 멀미가 났다. 살짝 배도 아픈 것 같았다.

"저, 변소에 좀 다녀올게요."

비틀대며 객차를 나와 변소 칸으로 들어가니 바닥에 네모나게 뚫린 구멍이 보였다. 저기다 볼일을 보는 건가? 그런데 철길이 훤히 다 보였다. 구멍에 빠지면 바로 기차 밖으로 굴러떨어질 것 같았다. 나는 덜커덩 요동치는 변소에 쪼그리고 앉아 겨우 볼일을 보았다.

후다닥 볼일을 마치고 속곳을 여밀 때였다. 스르르 복대가 풀리며 흘러내렸다. 안 돼! 구멍에 빠지기 직전 재빨리 복대를 움켜쥐었다. 후유, 십년감수했네.

그런데 손바닥에 무언가 딱딱하고 뭉툭한 게 만져졌다. 복대를 꼼꼼히 살피니 살짝 벌어진 틈이 보였다. 거기를 벌려 손가락을 집어넣자 돌돌 만 종이 뭉치가 딸려 나왔다. 이건 돈……?

헉! 이게 왜 여기 있지? 이렇게 많은 돈은 처음 보았다. 당숙 아저씨는 상화 오빠네가 예전에 소문난 부자였다고 했다. 그런데 그새 집안이 쫄딱 망한 것 같다며 혀를 끌끌 찼다.

오빠의 빛바랜 하얀 셔츠와 깡총하게 짧은 검정 바지, 낡고 해진 구두. 척 보기에도 형편이 그리 넉넉해 보이지 않았다. 그래서 더 고마웠다. 약속을 지키겠다고 그 먼 만주에서 데리러 와 줬으니까. 이제 나는 고아가 아니었다.

그런데 이 돈은 뭘까? 왜 말도 안 하고 여기에 숨긴 걸까? 설마 훔친 돈은 아니겠지? 만주에는 '마적'이라 불리는 도적 떼가 있다던데……. 나는 입술만 깨물다 복대에 돈을 넣고 허리에 단단히 둘렀다.

변소를 나오니 그사이 다음 역에 도착해 있었다. 무거운 마음으로 객차 문을 여는데 뭔가 이상했다. 떠들썩하던 기차 안이 쥐 죽은 듯 고요했다. 그때 누군가 딱딱거리는 말투로 목소리를 높였다.

"불량한 자가 타고 있는지 검문이 있겠다. 모두 순순히 협조하도록!"

납작한 모자를 쓴 일본인 형사가 검은 제복을 입은 순사 두 명과 함께 서 있었다. 손잡이를 쥔 손이 바르르 떨렸다. 형사의 등짝만 봐도 심장이 터져 죽을 것 같았다.

괜찮아, 유옥림. 저 형사는 사사키가 아니야. 내가 독립군 딸이라는 것도 몰라. 나는 주문처럼 열심히 속으로 중얼거렸다.

사사키는 우리 집에 툭하면 찾아와 행패를 부리던 일본인 형사다. 아버지가 있는 곳을 대라는 거였다. 비밀리에 활동하던 독립운동 단체가 발각되자 아버지는 직접 왜놈들과 싸우겠다며 집을 나갔다. 내가 일곱 살 때였다. 그 뒤로 몇 년 동안 얼굴은커녕 그림자도 못 봤는데 사사키는 막무가내였다.

머릿속으로 코피를 철철 흘리는 엄마 얼굴이 떠올랐다. 눈

두덩이가 시퍼렇고 머리는 산발이었다.

"오림아, 여지브로 피해. 빠리!"

터진 입술 탓에 뭉개졌던 엄마 목소리가 귓가에 생생했다. 나는 주춤하며 뒤로 물러섰다. 아무리 달래도 심장이 쿵쾅쿵쾅 날뛰었다.

변소에 숨을까 고민하는 사이 순사들이 짐을 뒤지기 시작했다. 내 보따리도 형사가 구둣발로 마구 헤쳐 댔다. 이불 한 채와 베개, 옷가지 몇 점이 다였지만 내 전 재산이었다.

데굴데굴. 엄마가 정성스레 수놓은 모란 베개가 발길질에 굴러갔다. 하얀 베갯잇에 발자국이 선명하게 찍혔다. 그 꼴을 보고 눈에서 불꽃이 일었다. 상화 오빠의 눈도 튀어나올 것처럼 커졌다.

"목적지가 신의주라? 신의주에서 압록강만 건너면 바로 중국 땅 안둥(오늘날 중국 단둥)이란 말이지. 독립운동하는 쥐새끼들이 꾸역꾸역 몰려드는 것도 그 때문이고 말이야."

형사가 이기죽이기죽 빈정거렸다.

"신의주에는 왜 가나?"

형사의 물음에 상화 오빠가 입술만 달싹이며 머뭇거렸다.

왠지 모를 불안감에 오소소 소름이 돋았다. 무슨 말 못 할 비밀이라도 있는 것처럼 왜 저러지? 오빠 얼굴이 창호지처럼 하얗게 질려 갔다. 혹시 이거랑 관계가 있나? 이제 돈뭉치가 든 복대까지 오랏줄처럼 나를 꽁꽁 조여 왔다.

그 순간 마치 뭔가에 홀린 것처럼 저절로 발이 움직였다. 나는 뻣뻣한 걸음으로 오빠한테 다가가 슬며시 팔짱을 꼈다. 그리고 침을 꼴깍꼴깍 삼킨 끝에 간신히 한마디를 뱉어 냈다.

"서, 서방님……."

다행히 수줍은 새색시처럼 보였나 보다. 상화 오빠 얼굴이 홍시처럼 새빨개졌다. 그런데 오빠를 붙잡은 내 손이 연신 파들파들 떨어 댔다. 아무리 힘을 줘도 떨림이 멈추지 않았다. 정수리로 사나운 눈초리가 느껴졌다. 제발, 제발 멈춰!

그때 따뜻한 손이 내 손을 꼭 감싸 쥐었다.

"장인어른이 편찮으셔서 처가에 갑니다."

상화 오빠가 형사를 향해 또박또박 말했다. 곧 떨림도 잠잠해졌다.

낯선 땅, 낯선 집, 낯선 오빠 부모님. 온통 낯선 것투성이였다. 거기다 귀로 쉴 새 없이 쏟아지는 낯선 중국말 탓에 머리가 핑핑 돌았다.

"……가오리방쯔! ……가오리방쯔!"

'가오리방쯔'란 말은 아마도 욕인 듯했다. 중국인 아줌마가 가오리방쯔라 부르며 삿대질할 때마다 오빠랑 오빠 부모님은 얼굴을 붉히며 입술을 파르르 떨었다.

"집에 오자마자 이런 모습부터 보여 주네. 집세가 밀렸는데 집주인이 당장 집을 비워 달라고……."

오빠 말이 머리에 하나도 들어오지 않았다. 울렁울렁. 뒤집힌 속에서 자꾸만 욕지기가 올라왔다. 배에서 내린 지도 한참 되었는데 여전히 뱃멀미가 가시지 않았다.

오는 동안 나는 배 바닥에 널브러져 토하고 또 토했다. 신의주에서 쪽배를 타고 압록강을 건너고, 안둥 항에서 다시 큰 배를 타고 사흘 만에 상하이에 도착했다.

차라리 사흘 내내 걸으면 걸었지, 배는 절대로 사람이 탈 게 아니었다. 낮인지 밤인지, 죽었는지 살았는지 모른 채 토하면서 굴러다녔다.

집에 가면 오빠한테 따져 묻고 싶은 게 엄청 많았다. 왜 말도 안 하고 돈이 든 복대를 나한테 줬는지, 왜 형사한테 거짓말을 한 건지, 왜 만주가 아닌 상하이에 온 건지. 하지만 나는 어느 것도 묻지 못했다.

"욱!"

토할 것 같아서 재빨리 입을 막았다. 웩웩. 헛구역질만 날 뿐 아무것도 넘어오지 않았다. 당연했다. 물만 마셔도 토하는 바람에 이틀 동안 입안으로 들어간 게 없었다.

"옥림아!"

오빠 목소리가 이상했다. 아주 멀리 있는 것처럼 아스라이 들려왔다. 갑자기 세상이 거꾸로 뒤집히는가 싶더니 밤처럼 눈앞이 깜깜해졌다.

눈을 뜨자 낯선 천장이 보였다.

"괜찮아?"

목소리를 좇아 눈동자를 돌리니 내 또래 여자애 얼굴이 보였다. 어깨까지 오는 단발머리에 윤기가 도는 맑은 눈. 미소 지을 때마다 입가에 보조개가 곱게 파였다.

"누구?"

입술을 뗐는데 목에서 바람 빠지는 소리가 났다.

"나는 의덕이야. 여긴 내 방이고. 따뜻한 물 좀 마실래? 어른들이 일어나면 먹이라고 하셨어."

의덕이가 내미는 물을 마시자 속이 좀 가라앉았다.

"우리 동갑이래. 나도 열 살이거든. 동무가 생겨서 얼마나 좋은지 몰라."

의덕이는 처음 봤는데도 스스럼이 없었다. 게다가 수다스럽기까지 해서 잠깐 사이 나는 많은 것을 알게 되었다.

의덕이는 상하이에서 태어났단다. 조선에는 가 본 적이 없지만 틀림없는 조선인이라고 몇 번이나 힘주어 말했다.

의덕이 아버지는 전차 회사 검표원이라고 했다. 검표원은 아마도 돈을 많이 버는 직업인 것 같았다. 의덕이가 입고 있는 원피스는 물론이고 방에 있는 물건들도 모두 비싸고 좋아 보였다. 무엇보다 자기 집이 있어서 집주인한테 집세를 내지 않아도 된단다. 의덕이 아버지는 조선 사람 일이라면 두 팔 걷어붙이는 성격이라고 했다. 오빠네한테 별채를 거의 공짜로 내줬다는 거였다.

"예전에 중국 사람들이 살았을 때 하인들 숙소였대. 마침 세 살던 사람들도 나가서 잘됐지, 뭐. 방은 하나지만 부엌도 있어."

속으로 가슴을 쓸어내렸다. 당장 길바닥에서 잘 걱정은 안 해도 되었다. 내가 막 '오빠는 어디 있어?' 하고 물으려는데 문 두드리는 소리가 났다.

"옥림아, 일어났니? 같이 갈 데가 있어."

상화 오빠였다.

선명한 빨강과 파랑, 눈앞에 커다란 태극기가 보였다.

대한민국 임시 정부. 여기에 함께 오려고 오빠는 내가 깨어나기만 기다렸다고 했다.

"이름이 옥림이라고?"

내 이름을 부르는 소리에 퍼뜩 태극기에서 눈을 돌렸다. 오빠가 김구 선생님이라고 소개한 아저씨였다. 덩치가 거인같이 크고, 얼굴에 콧수염을 기르고 있었다.

"네, 성은 유가예요."

나는 쭈뼛쭈뼛 대답했다.

"어린 몸으로 얼마나 힘들었을꼬."

상냥한 목소리와 함께 투박하고 커다란 손이 머리에 얹어졌다. 나는 얼떨떨해서 손가락만 꼼지락거렸다.

"전해 드릴 게 있어요. 오는 내내 옥림이가 허리에 두르고 있어서 들키지 않았어요."

오빠가 나를 추켜세우며 복대에서 돈을 꺼냈다.

맞아! 복대에 든 돈! 저렇게나 많이 가지고 있었으면서 집세는 왜 밀린 거야?

이어 오빠가 탁자 위에 무언가를 올려놓았다. 맙소사, 내 베개잖아! 때가 타서 베갯잇이 꼬질꼬질했다. 창피하게 저걸 또 왜 들고 왔을까?

"옥림아, 미안해. 사과부터 할게. 여기에 중요한 게 들어서 배를 갈라야 하거든."

오빠가 동의를 구하는 눈빛으로 나를 바라보았다. 나는 얼빠진 얼굴로 겨우 고개를 끄덕였다. 그러자 오빠가 베갯잇을 벗기고 바느질 자국을 따라 조심스럽게 칼을 찔러 넣었다. 칼날이 움직일 때마다 안에 든 메밀 알갱이가 우수수 쏟아졌다. 나는 숨도 쉬지 못하고 지켜보았다.

곧 터진 베개 속에서 오빠가 칭칭 동여맨 주머니를 꺼냈다. 맙소사! 언제 저런 걸 넣은 거지? 주머니를 열자 금과 은으로 된 가락지와 비녀, 묵직한 금 단추들이 쏟아졌다. 개중에 옥으로 된 것들도 보였다.

"독립운동에 써 달라는 사람들의 정성입니다."

나는 쌓여 있는 패물들을 멍하니 바라보았다.

"옥림아, 저기……. 아직도 많이 아파?"

돌아오는 길에 오빠는 내 눈치만 살폈다. 내가 줄곧 입술을 꾹 닫고 있어서였다.

아프냐고? 지금은 아픈 거 따위 아무래도 좋았다. 생각만 해도 화가 치밀었다. 복대의 돈은 내 것이 아니니 젖혀 두더라도 문제는 상화 오빠였다.

나는 발을 멈추고 오빠한테 쏘아붙였다.

"우리 아버지는요. 뭐든지 아버지 혼자 정하면 끝이었어요. 이유를 제대로 설명해 준 적도 없고요. 나는 그게 언제나 서운했어요. 그런데 오빠도 아버지하고 똑같아요. 내가 뭘 하고 있는지 나만 몰랐어!"

서러움이 북받쳐 목소리가 울먹거렸다.

"미안해, 옥림아. 미리 말하면 오는 동안 내내 불안해할 것 같아서 그런 거야. 언제 어디서 검문당할지 모르잖아. 그렇지만 약속할게. 앞으로 네 일을 내 맘대로 정하는 일은 없을 거야. 정말이야."

오빠가 쩔쩔매며 열심히 설명했다. 목소리와 눈빛에서 진심이 느껴졌다.

나는 입술을 앙다물며 고개를 떨구었다. 손에 쥔 베개에 눈이 미치자 가슴이 먹먹해졌다. 칼자국을 따라 실밥이 너덜너덜했다.

괜찮아, 괜찮다고. 베개야 말끔하게 기우면 되지. 이미 이곳에 왔고 앞으로가 중요했다. 어떡하든 힘을 내자. 나는 주먹을 불끈 쥐었다.

독립은 빨간 구두처럼

조선을 떠나온 지도 벌써 두 달이 지났다. 그사이 나의 하루하루는 놀라울 만큼 달라졌다. 무엇보다도 나에겐 상냥한 아버지와 어머니가 생겼다.

쿵작쿵작.

흥겨운 음악 소리가 밤거리를 휘돌아 어두운 뒷골목까지 흘러들었다. 불빛이 넘실대는 댄스장과 달리 뒷골목에는 달빛 한 조각조차 귀했다. 나는 골목 이곳저곳을 눈으로 더듬더듬 훑었다.

아까 낮에 봤을 때 이쯤에 있었는데……. 아! 어둠 속에서 묵직한 덩어리가 보였다. 달려가 만져 보니 배추가 맞았다. 쓰레기통 넘치게 배추 껍데기가 그득했다.

"어머니, 여기요, 여기!"

"우리 옥림이 눈이 보배네."

등을 토닥이는 어머니 얼굴이 달빛보다 환했다. 반찬거리 걱정을 덜어서 한시름 놓은 얼굴이었다.

사실 이 배추 더미는 의덕이가 먼저 발견했다. 의덕이는 당장 바구니를 가져와 담아 가자고 했다. 하지만 나는 대낮에 쓰

레기통을 뒤지고 싶지는 않았다. 아무리 아쉬워도 중국인들한테 '가오리방쯔는 거지'라는 말은 듣기 싫었다. '가오리방쯔'는 역시나 중국인들이 조선인을 부르는 욕이었다.

 나는 낮에 본 위치를 기억했다가 어머니와 밤에 몰래 나오곤 했는데, 의덕이는 매번 따라오고 싶어 했다. 의덕이한테 이 일은 재미있는 놀이였다. 그래서 중국인들이 다듬고 버린 배추 껍데기를 볼 때마다 신이 나서 나를 불렀다. 의덕이한테 나쁜 뜻은 없었다. 단지 가난이 뭔지 모를 뿐이었다.

상화 오빠네는 올봄 만주에서 상하이로 왔다. 당숙 아저씨 말대로 오빠네는 꽤 부자였는데, 만주에 독립운동 기지를 만드는 데 재산을 대부분 쏟아부었다. 그러다 임시 정부가 세워지자 힘을 보태려고 옮겨 온 것이다.

아버지는 임시 정부에서 〈독립신문〉 만드는 일을 했다. 급료가 나오긴 하지만 네 식구가 먹고살기에는 빠듯했다. 그래도 다행인 건 조선보다 쌀이 싸고 흔하다는 거였다. 어머니와 나는 조금이라도 생활비를 아끼려고 틈만 나면 뒷골목을 찾았다.

"어머니, 제법 많아요."

우리는 부지런히 배춧잎을 바구니에 담았다. 거친 겉껍질이 대부분이었지만, 될 수 있는 대로 많이 욱여넣었다. 집에 가져가서 그나마 나은 것은 소금에 절여 겉절이를 해 먹고, 나머지는 푹 삶아 국을 끓여 먹으면 되었다.

오늘도 우리 식구는 배춧국에 배추 겉절이를 먹었다. 식사는 상화 오빠와 아버지, 어머니, 나 그리고 김구 선생님이 함께 했다. 없는 살림에도 날마다 밥 손님이 끊이지 않았는데, 김구 선생님도 그중 한 분이었다.

밥상을 물리고 나서 상화 오빠를 따라나섰다. 기숙사로 돌아가는 오빠를 배웅하기 위해서였다. 상화 오빠는 중국인 학교에 다니는 터라 집에는 한 달에 한 번밖에 올 수 없었다. 오빠와 나는 우리가 사는 바오캉리를 벗어나 큰길인 샤페이루로 나갔다.

웅장한 서양식 건물들이 즐비한 샤페이루 위를 자동차들이 시끄럽게 오갔다. 간간이 전차도 딸랑딸랑 소리를 내며 지나갔다. 우리는 창백한 겨울 햇살이나마 양지를 쫓으며 걸었다. 상하이가 조선보다 덜 춥다고는 해도 겨울은 겨울이었다.

나는 햇볕에 노곤하게 달궈진 유리 진열장들에서 눈을 떼지 못했다. 도로를 따라 고급 상점들이 죽 이어져 있었다. 반질반질 깨끗하게 닦인 유리 너머로 예쁘고 화려한 물건들이 끊임없이 눈길을 유혹했다.

새침하게 놓인 빨간 구두를 보자 자연스럽게 눈길이 아래로 내려갔다. 누런 짚신이 오늘따라 유난히 초라해 보였다. 슬쩍 오빠 발로 눈길을 옮기니 밑창이 닳아 너덜거리는 구두가 보

였다. 후유, 절로 한숨이 새어 나왔다.

"무슨 걱정거리라도 있어?"

"아니에요. 근데 임시 정부 분들은 왜 맨날 우리 집에 밥 먹으러 오는 거예요?"

나는 얼른 말머리를 돌렸다. 사실 늘 궁금하긴 했다.

"우리와 달리 가족과 떨어져 혼자 오신 분들이 많아서 그래."

"사 먹으면 되잖아요."

입술을 삐죽이며 투덜거렸다.

"밥은 여럿이 함께 먹어야 맛있잖아. 왜, 우리 살림 축나는 거 같아서 아까워?"

오빠가 장난스럽게 물었다. 그러자 문득 김구 선생님이 떠올랐다. 선생님은 우람한 덩치만큼이나 먹성도 좋았다. 배 속에 먹깨비라도 사는지 고봉밥을 퍼 주어도 금세 뚝딱이었다. 칫! 도깨비는 방망이라도 있지, 맨날 공짜로 먹기만 하고.

"그런 건 아니지만……."

나는 속마음을 숨기며 말끝을 흐렸다. 솔직히 너무 아까웠다. 상하이에 올 때 가져왔던 돈뭉치와 패물들도 생각났다. 평생 구경도 못 할 큰돈이었는데 그 돈은 다 어디로 간 걸까? 독립에는 정말 돈이 많이 드는 것 같았다. 다들 거지꼴을 겨우 면한 걸 보면.

"옥림아, 상하이에 조선 사람이 얼마나 사는 줄 알아?"

"아니요."

"작년까지만 해도 오백 명 정도였어. 그러다 올해 임시 정부가 세워지면서 각지에서 독립운동에 뜻을 지닌 사람들이 몰려왔지. 그 바람에 지금은 두 배로 늘어났고. 이게 뭘 뜻하는지 아니?"

"아니요."

나는 같은 대답을 되풀이할 수밖에 없었다. 알아듣기에는 너무 어려웠다.

"상하이 조선 사람 천 명 중 절반은 직업이 독립운동가라는 뜻이야. 임시 정부 살림이 빠듯하니 찾아오는 독립운동가들을 먹이고 재울 여유도 없고."

아버지 급료가 쥐꼬리만큼 적다는 건 나도 알고 있었다. 하

지만 오빠가 왜 저런 말을 하는지는 도통 알 수 없었다.

"제가 아까워하는 것 같아서 그러는 거예요?"

김구 선생님에게 고봉밥을 퍼 줄 때마다 몰래 흘겨보는 걸 오빠한테 들켰나? 순간 얼굴이 뜨거워졌다.

"아니야. 그냥 말해 주고 싶었어. 겨울에는 다들 더 힘들 테니까."

"……빨리 봄이 왔으면 좋겠다."

유리 진열장에서 억지로 눈을 떼며 중얼거렸다. 진열장 안의 구두처럼 독립이 멀게만 느껴졌다.

김구 선생님의 구구단 수업

"…… 삼삼은…… 구, 삼사…… 십오, 아니 십이, 삼오……."

그새 까먹었는지 자꾸만 막혔다. 어젯밤에는 잘만 외웠는데 도로 제자리였다.

상화 오빠는 내 나이쯤이면 구구단을 술술 외워야 한다고 했다. 그런 거 몰라도 사는 데는 전혀 불편하지 않았다. 하지만 학교 얘기가 또 나올까 봐서 나는 군말 않고 외웠다.

학교. 입안에서 두 글자를 굴리는 것만으로도 마음이 싱숭생숭했다. 가고 싶은 마음이 없는 건 아니지만…….

의덕이는 오늘도 학교에 갔다. 인성학교 삼 학년이라고 했다. 인성 학교는 상하이에 사는 조선 아이들이 다니는 학교다.

"옥림이, 구구단 외우고 있었구나. 그래서 문 두드리는 소리를 못 들었나 보네."

"아이고, 깜짝이야."

갑자기 들려온 목소리에 하마터면 의자에서 굴러떨어질 뻔했다.

"저런, 많이 놀랐니?"

김구 선생님이 시린 겨울바람과 함께 집 안으로 들어오고 있었다.

"괜찮아요. 여기 앉으세요."

나는 벌떡 일어나 부지런히 상을 차리기 시작했다. 어머니는 볼일이 있어 나가면서도 김구 선생님 밥을 잊지 않았다.

'지나다 허기지면 혹시 들르실지 모르니 꼭 차려 드리렴.'

콩나물국에 짠지가 다인 소박한 밥상. 형편이 펴서 좀 더 나은 걸 해 드리면 좋겠다고 어머니는 늘 말하곤 했다.

"오늘도 콩나물국이에요."

괜스레 목소리가 기어 들어갔다. 콩나물은 값이 싸서 거의

날마다 식탁에 올라왔다.

"네 어머니 콩나물국이 얼마나 맛있는데? 임금님 수라상하고도 안 바꾼다."

선생님이 너스레를 떨면서 숟가락을 들었다. 그냥 서 있기 뻘쭘해서 나는 조용히 식탁 맞은편에 앉았다. 선생님은 정말 수라상이라도 되는 양 밥 한 톨 남기지 않고 달게 먹었다.

"옥림아, 내가 구구단 쉽게 외우는 법 알려 줄까?"

김구 선생님이 수저를 내려놓으며 물었다.

"그런 게 있어요?"

"있지, 그럼. 종이와 연필 좀 가져와 보렴."

나는 후다닥 공책을 가져왔다.

"무작정 외우는 것보다 원리를 이해하면 한결 쉽단다. 여길 보렴."

김구 선생님은 연필로 길게 선을 긋더니 표를 만들었다. 그러고는 왼쪽 칸에 구구단 삼 단을 죽 써 내려갔다.

"곱셈이란 덧셈을 거듭해서 더하는 과정이란다. 삼 곱하기 일은 삼이 하나, 삼 곱하기 이는 삼이 두 개니 육, 삼 곱하기 삼은 삼이 세 개니…….”

"구예요, 구!"

아는 게 나오니 신이 났다.

"옳지. 이처럼 곱셈에서 뒤의 숫자는 앞의 숫자를 몇 번이나 더할지 가리키는 거란다. 나머지는 네가 써 보렴."

나는 연필심에 침을 묻혀 가며 열심히 표를 채워 나갔다. 같은 수를 계속 더하면 곱셈이 되는 줄은 처음 알았다. 오빠는 무작정 외우라고만 했다.

"선생님은 진짜 선생님 같아요."

연필심에 다시 한번 침을 묻히면서 말했다.

"진짜 선생님 맞는데?"

"네? 정말요?"

고개가 번쩍 들렸다.

"그럼. 내가 가르친 제자들이 조선에 얼마나 많은데? 학교도 여럿 세웠는걸."

믿어지지 않았다. 나에게 김구 선생님은 선생님보다는 씨름장사나 호랑이 사냥꾼에 더 어울리는 사람이었다.

"상화한테 듣자니 학교에 가지 않겠다고 했다며?"

이럴 수가, 선생님에게까지 내 얘기를 하다니. 부끄러워서 얼굴을 들 수 없었다.

상화 오빠는 약속했던 대로 내 문제에 있어서 내 뜻을 존중해 줬다. 오빠가 말을 했는지 어머니, 아버지도 내가 하기 싫은 일은 억지로 시키지 않았다. 학교 문제도 그랬다. 인성 학교에 다니기 싫다고 했지만 잔소리 한마디 듣지 않았다.

나는 까막눈이다. 한자는커녕 언문(한글)도 읽을 줄 몰랐다. 조선에 있을 때는 그게 이상한 게 아니었다. 근처에 다닐 만한 학교도 없었지만, 있어도 다들 농사일과 집안일을 돕느라 나가지 못했으니까.

까막눈이니 의덕이와 함께 삼 학년에 다닐 수도 없었다. 그렇다고 일 학년으로 일곱 살 꼬맹이들 옆에서 공부하기는 싫었다. 그 꼬맹이들조차 이미 많은 걸 배운 뒤라 내가 제일 뒤처질 게 아닌가? 나는 중간에 입학하면 수업을 따라갈 수 없을 거라고 핑계 댔다.

그러자 오빠는 겨울 방학 동안 내게 공부를 가르치겠다고 했다. 이것만은 오빠의 고집을 꺾을 수 없었다. 나도 굳이 싫다고 하지 않았다. 학교에 다니든 안 다니든 글은 배우고 싶었다.

긴긴 겨울밤 공책과 씨름하는 사이에 해가 바뀌었다. 이제 나는 글도 읽고 산수도 할 줄 알았다. 구구단은 아직 쩔쩔매고 있지만 말이다. 아무튼, 내 학교 문제는 삼월까지 미뤄졌다.

"혹시 집안 형편 생각해서 그러는 거니? 인성 학교는 수업료가 없어도 다닐 수 있어. 재정이 부족해서 선생님들 급료도 못 드리는데, 다들 얼마나 열심이신지 몰라. 정말 좋은 선생님들이셔."

"인성 학교에 다니면 독립군이 돼야 하잖아요! 저는 독립운동에 관심 없어요."

나는 냅다 질러 버렸다. 아버지, 어머니, 오빠한테는 차마 할 수 없던 말이었다. 인성 학교는 임시 정부 밑에 있는 학교였다. 졸업하면 당연히 독립운동을 해야 할 게 아닌가? 아무 이유 없이 공짜로 가르쳐 주지는 않을 테니까.

"옥림아, 인성 학교에 다닌다고 독립군이 되어야 하는 건 아니야. 세상 어디에도 군인만 필요한 나라는 없단다."

"정말요? 독립운동을 안 해도 된다고요?"

"정말이고말고. 독립된 대한에는 화가도 필요하고, 과학자도 필요하고, 선생님, 의사, 건축가도 필요한걸. 그래서 너희가 대한민국의 미래인 거란다. 지금처럼 국민의 열에 여덟이 글을 모르는 상황에서는 독립을 이루더라도 제대로 지켜 내지 못할 거야. 나는 어린 사람한테는 기회가 많이 주어져야 한다고 생각한단다."

김구 선생님 말에 마음이 확 쏠렸다. 나는 선생님에게 솔직하게 털어놓았다.

"학교가 궁금하기는 했어요. 의덕이가 학교에서 배웠다면서 〈반도가〉를 불러 줬는데 노래가 참 좋았어요."

"〈반도가〉 말고 다른 노래도 많단다. 막상 학교에 가면 진작에 왜 안 다녔나, 하고 후회할걸. 내가 장담하마."

"음, 선생님 말씀 믿고 한번 다녀 볼게요. 근데 오늘 나눈 얘기는 선생님하고 저만 알았으면 좋겠어요. 제발 비밀로 해 주세요."

"비밀 좋지! 우리, 손가락 걸고 약속할까?"

"정말요?"

김구 선생님은 그동안 내가 봐 온 어른들과는 많이 달랐다. 어린애라고 무시하지 않고 동무처럼 허물없이 대했다. 나는 슬그머니 새끼손가락을 내밀었다. 그러자 장작개비처럼 굵고 거친 손가락이 단단하게 손가락을 걸어 왔다.

"자, 약속!"

"약속……."

나는 조그맣게 속삭였다. 거대한 아름드리나무 아래 기대고 있는 것처럼 마음이 편안하고 든든했다.

상화 오빠의 꿈

"우리나라."

"우리나라."

선생님이 먼저 읽자 우리는 앵무새처럼 따라 읽었다.

나도 고개를 흔들며 목청을 높였다. 귀밑에서 찰랑대는 단

발머리가 아직은 어색했다. 처음 입는 원피스와 구두도 볼 때마다 신기했다. 비록 가무잡잡한 천으로 집에서 만든 원피스와 의덕이가 작다고 물려준 구두일지라도 나는 좋기만 했다.

"대한민국."

"대한민국."

아까보다 소리가 두 배로 커졌다. 장막 너머 저쪽에서 선배들이 목소리를 보탠 것이다. 교실을 가른 장막을 사이에 두고 일이 학년과 삼사 학년이 한 교실에서 배웠다. 그래서 툭하면 서로의 수업에 끼어들었다.

"아는 것이 힘이다."

"아는 것이 힘이다."

"배워야 산다."

"배워야 산다."

우리는 서로 질세라 목청을 높였다. 매번 건물 밖까지 글 읽는 소리가 쩌렁쩌렁 울리는 까닭이었다. 그럴 때마다 지나가는 조선인들은 울컥해서 눈물이 난다고 했다. 굶기를 밥 먹듯이 하는 건 선생님이나 학생들이나 마찬가지인데도 학교만 오면 모두 힘이 솟는 것 같았다.

상하이는 신기한 곳이었다. 여기서는 어른 아이 할 것 없이 모두 독립을 이야기했다. 나는 마치 감기에 옮은 것처럼 사람들이 뿜어내는 열기에 휩싸였다. 목에 걸린 가시 같던 두 글자가 이제는 조금씩 다르게 다가왔다.

학교는 김구 선생님이 말한 것보다 훨씬 더 재미있었다. 나는 이제 내 이름을 언문과 한자로 쓸 수 있고, 눈 감고도 구구단을 외웠다.

수업 시간에 공부만 하는 건 아니었다. 체조와 그림도 배웠다. 특히 그림을 그리는 시간이 가장 좋았다. 소질이 있다는 선생님의 칭찬을 여러 번 들었다.

그리고 의덕이 말고도 친한 동무가 생겼다. 열 살인 혜원이는 나처럼 일 학년이었다. 셋 다 같은 동네에 살다 보니 우리는 곧잘 한데 어울렸다.

"얘들아, 우리 샤페이루에 가서 아이스크림 먹자. 아버지가 동무들하고 사 먹으라고 용돈 주셨어."

의덕이 말에 입안에 침부터 고였다. 처음 아이스크림을 맛보았을 때를 잊을 수가 없다. 혀끝에 닿는 순간 사르르 녹으면서 머리가 띵해지는 차가운 달콤함! 이렇게나 황홀한 맛이 세상에 존재한다는 게 믿어지지 않았다.

"정말? 갈래, 갈래."

혜원이가 눈을 반짝이며 말했다. 하지만 나는 집에서 점심을 차리고 있을 어머니가 마음에 걸렸다.

"샤페이루 갔다가 집에 가면 너무 늦을 텐데……."

미련이 뚝뚝 떨어져서인지 말꼬리가 작아졌다.

"집에 들렀다 가면 되지. 옥림 언니, 우리도 같이 허락받아 줄게."

혜원이가 내 팔을 붙잡고 흔들어 댔다. 혹시라도 의덕이가 없던 거로 할까 봐서 걱정하는 눈치였다.

"알았어. 아마 어머니도 허락해 주실 거야."

우리 셋은 아이스크림의 맛에 대해 떠들며 집으로 향했다.

막 문고리를 미는데 마당이 웅성웅성 시끄러웠다. 고개를 갸웃거리며 들어가니 사람들이 잔뜩 모여 있었다. 어머니와 아버지, 김구 선생님, 의덕이 어머니와 아버지, 그리고 학교에 가 있어야 할 상화 오빠까지 보였다.

우릴 보고는 여섯 살 난 의덕이 동생 오덕이가 쪼르르 달려왔다.

"누나! 상화 형아, 학교에서 쫓겨났대."

오덕이 말에 오빠를 쳐다보니 누구랑 싸웠는지 눈가가 찢어지고 입술에도 피딱지가 보였다. 어른들은 우리한테서 눈길을 거두고 하던 말을 계속했다.

"학교에 항의해야 합니다. 같이 싸운 중국 학생들은 아무도 처벌받지 않았잖아요."

의덕이 아버지가 울분을 터뜨렸다.

"우리가 먼저 멱살을 잡고 위협했으니, 우리 잘못이라고 교

장이 확실하게 못 박았어요. 저와 조선인 학생 세 명만 퇴학당했고요."

오빠가 시무룩하게 말했다.

"사과하고 퇴학을 물러 달라고 하는 게 낫지 않을까요?"

의덕이 어머니가 조심스럽게 말을 꺼냈다. 그 말에 오빠가 발끈했다. 말아 쥔 주먹이 파르르 떨렸다.

"싫어요! 우리더러 망국노라고 했단 말이에요. 망국노가 주제도 모르고 설친다고 툭하면 비아냥대서 동구가 따지려고 멱살을 잡은 거예요. 먼저 때린 것도 그 녀석들이고요. 절대로 사과 안 해요."

"그래도 퇴학당하는 거보다는……."

의덕이 어머니의 걱정에도 어머니와 아버지는 굳은 표정으로 입술을 닫고 있었다. 김구 선생님도 눈썹이 위로 올라갔지만, 잠자코 듣기만 했다.

"누나, 망국노가 뭐야?"

오덕이가 의덕이 치마를 잡아당기며 물었다. 의덕이가 쉿, 하며 눈을 부릅떴다. 하지만 오덕이는 포기하지 않았다.

"누나, 망국노가 뭐냐니까?"

의덕이가 다시 눈치를 주려는데 상화 오빠가 대신 대답했다.

"나라가 망해서 여기저기 떠돌아다니는 백성이라는 뜻이야."

"나쁜 말이야?"

그 말에 모두의 얼굴이 어두워졌다.

"응, 몹시 나쁜 말이야. 조선 사람한테는 아주 심한 욕이거든."

오빠 목소리가 가늘게 떨렸다.

"너는 앞으로 어떻게 하고 싶니? 다른 학교를 알아볼 테냐?"

침묵을 깨고 아버지가 물었다. 나는 오빠의 대답에 귀를 바짝 세웠다.

"아니요. 오래전부터 고민해 오던 게 있어요. 전 만주로 떠나고 싶어요. 열여덟 살이 되면 입학할 수 있잖아요."

만주로 떠나고 싶다고? 처음 듣는 말이었다.

"신흥 무관 학교에 들어갈 생각인 게냐?"

김구 선생님이 담담하게 물었다.

"네, 무관 학교를 졸업하고 독립군 장교가 될 거예요."

오빠 말에 퍼뜩 우리 아버지가 생각났다. 오빠도 아버지처럼 총을 들고 전쟁터로 나가겠다는 거였다. 나는 아버지에 이어 상화 오빠마저 그런 식으로 잃게 될까 봐 겁이 났다.

"김 선생님, 내년이 될 때까지 저를 경무국(임시 정부의 경찰 기구) 보조 경호원으로 써 주실 수 없을까요? 궂은 일도 도맡을 각오가 되어 있어요."

사람들의 눈이 김구 선생님에게로 쏠렸다. 선생님이 묻는 눈으로 아버지를 보았다. 아버지는 손바닥으로 얼굴을 쓸어내리고는 고개를 끄덕였다.

"이제부터는 내가 네 상관이다. 잘해 보자꾸나."

김구 선생님 말에 상화 오빠가 경례를 올리며 우렁차게 외쳤다.

"보조 경호원 최상화, 대한민국 임시 정부 경무국장님께 정식으로 인사드립니다."

오빠는 뭐가 그리 좋은지 얼굴에서 싱글벙글 미소가 떠나지 않았다. 오늘 퇴학당한 사람이 맞나 싶었다.

"나도 경호원 할래. 나도 끼워 줘요."

오덕이가 오빠를 따라 어설프게 경례를 붙이며 졸라 댔다.

나는 고개를 푹 숙이고 발로 바닥을 툭툭 찼다. 내 주위 사람들은 다들 독립군이 못 돼서 죽은 귀신이 붙은 것만 같았다.

프랑스 공원의 일본인

"경호원이라더니 맨날 구두만 닦네."

상화 오빠를 보고 나는 심통 난 소리로 투덜댔다. 내 핀잔에도 오빠는 점심을 먹자마자 구두통부터 챙겼다.

경무국은 상하이에 사는 조선인 동포들과 임시 정부 요인(주요 인물)들을 보호하고 지키는 일을 한다고 했다. 그런데 상화 오빠가 하는 일이라곤 구두닦이로 돌아다니는 게 다였다.

"밀정을 잡으려고 변장한 거니까 그렇지."

"밀정……?"

어른들이 하는 말을 듣기는 했어도 정확히 그게 뭔지는 몰

랐다.

"일본의 끄나풀이 된 조선인. 돈을 받고 임시 정부에 관한 중요한 비밀 정보를 넘겨주는 첩자야."

"어쩜, 같은 조선인끼리 어떻게……."

"그러게. 몰래 들어와 정탐하고 다니는 일본 형사들만으로도 울화가 치미는데 밀정까지 가려내야 하니 슬픈 일이야."

상하이에는 외국인이 중국 법 대신 자기 나라 법에 따라 사는 곳이 있는데, 이를 '조계'라고 불렀다. 다른 말로 상하이는 중국 땅인데, 중국 법이 못 미치는 식민지 영토나 다름없었다.

영국과 미국, 일본을 비롯해 여러 나라가 차지한 공공 조계에는 일본인들이 많이 사는 데다, 일본은 총영사관 아래 경찰국까지 두고 있었다.

임시 정부는 일본의 힘이 닿지 않는 프랑스 조계 안에 있었다. 그래서 일본 경찰이 마음대로 활개 칠 수 없었다. 조선인들은 당연히 프랑스 조계 안에 모여 살았다.

"아무튼 수상쩍은 사람에게 접근하려면 구두닦이로 변장하는 게 최고야."

그러더니 오빠가 손가락으로 내 이마를 팅기면서 말했다.

"학교에 다녀왔으면 숙제나 해. 우등하려면 열심히 해야지."

그 말에 나는 왈칵 성을 냈다.

"우등 소리 다신 하지 말랬잖아!"

학교에서 매달 시험을 칠 때마다 공책, 연필, 필통 같은 걸 상으로 주었다. 호기롭게 한 번 우등은 내 거라고 했을 뿐인데, 오빠는 툭하면 그 얘기로 놀렸다.

"미안, 미안. 내가 깜빡했다."

오빠가 알랑알랑 비는 시늉을 했다.

"참, 곧 연습회라고 했지? 그래서 너는 뭐 하기로 했어?"

"몰라, 오빠가 그건 알아서 뭐 하게?"

오빠가 눈을 동그랗게 뜨고 나를 돌아보았다.

"아유, 무서워! 왜 그렇게 화가 났어?"

이달 말, 수업 시간에 배운 실기를 학부형들 앞에서 선보이는 연습회가 있다. 오늘은 동무들이랑 같이 연습회를 준비하기로 했다.

'나는 풍경화를 전시할 생각이고, 의덕이는 곤봉 체조, 혜원이는 노래를 부를 거야. 이따 다 함께 프랑스 공원에 가서 연습하기로 했어. 의덕이가 그러는데, 상하이에서 풍경이 가장 멋진 곳이 프랑스 공원이래. 오빤 거기 가 봤어? 나는 아직 한 번도 못 가 봤는데…….'

할 말이 많은데 차마 입이 터지지 않았다.

만주의 신흥 무관 학교라니. 자기 속내를 꼭꼭 숨기고 사는 오빠에게 나만 바보같이 조잘대진 않겠다.

"흠……, 화 풀어. 이만 나가 볼게. 이따 보자."

문 너머로 발소리가 잦아들자 괜스레 코가 시큰해졌다.

오빠는……, 내가 왜 화가 났는지도 모르면서…….

오빠가 나가고 얼마 되지 않아 동무들이 몰려왔다.

"곤봉 체조 연습 많이 했어?"

내 말에 의덕이가 턱을 치켜들며 우쭐댔다.

"당연하지. 두고 봐. 연습회 때 박수를 가장 많이 받는 사람이 누군지."

"누구 맘대로! 나는 〈반도가〉를 하도 불러서 꿈에서도 부를 정도야."

혜원이도 큰소리쳤다.

프랑스 공원은 별세계 같았다. 처음 보는 나무들이 줄지어 서 있고, 알록달록한 꽃밭과 파릇파릇한 잔디밭이 융단같이 펼쳐져 있었다. 공원 안에는 서양인이 많았다. 우리 앞에도 레이스 양산을 쓴 서양 여자가 바퀴 달린 요람을 밀며 오고 있었다. 요람에 탄 아기는 엄마처럼 금발에 눈이 파랬다. 마치 샤페이루 유리 진열장 안의 인형 같았다.

여자가 우리를 향해 빙긋 웃으며 눈인사를 건넸다. 하지만 나는 왠지 모르게 주눅이 들어 슬그머니 눈을 피했다. 다른 애들도 어정쩡한 표정으로 걸음을 빨리했다.

"이 길로 쭉 가면 분수대가 나와. 물줄기가 거꾸로 솟아올라서 얼마나 신기한데."

금세 생생하게 살아나서 의덕이가 말했다. 하지만 나는 그렇지가 못했다. 배가 사르르 아프기 시작했다. 신경이 곤두설 때마다 배가 아픈 버릇은 어떻게 못 고칠까?

"얘들아. 나, 집에 가야 할 것 같아. 변소가 급해."

나는 배를 움켜쥐고 동동거렸다.

"공원 안에 공중변소가 있으니까 같이 가 줄게."

"위치만 가르쳐 줘. 이따 분수대에서 만나."

나는 의덕이가 알려 준 대로 바쁘게 길을 더듬으며 종종거렸다. 테니스장이라는 것을 여러 개 지나자 연못가에 작은 변소가 보였다. 공중변소는 말이 변소지, 앉아서 밥을 먹어도 될 만큼 깨끗하고 구린내도 안 났다.

나는 하얀 사기 요강에 앉아 볼일을 본 뒤 의덕이가 말한 대로 쇠사슬을 잡아당겼다. 곧 쏴! 하고 요란한 소리가 나더니 구멍에서 물이 콸콸 쏟아져 나왔다. 요강이 스스로 알아서 싹싹 치워 주다니, 정말 신통방통했다.

후유, 살 것 같네. 변소를 나오자 비로소 주변을 돌아볼 여유가 생겼다. 수양버들이 늘어진 연못을 휘돌아 걸으니 아까 지나온 테니스장이 보였다. 그 안에서 서양 여자들이 그물을 매단 채를 들고 쉬지 않고 휘둘러 댔다. 그럴 때마다 중국 옷을 입은 꼬마 애들이 공을 줍기 위해 이리저리 뛰어다녔다. 햇볕에 얼굴이 벌겋게 익은 걸 보니 괜스레 입안이 썼다.

그때 어디선가 일본말이 날아왔다. 오랜만에 들어 보는 일본말이었지만 눈곱만큼도 반갑지 않았다.

첫, 공공 조계에 있는 공원이나 갈 것이지.

구시렁거리며 지나치려는데 목소리가 이상하게 귀에 익었다. 나는 커다란 나무에 몸을 숨기고 소리가 나는 쪽을 몰래 살폈다. 저만치서 두 사람이 테니스장을 바라보며 이야기하고 있었다.

저 아저씨는! 목소리뿐 아니라 얼굴도 눈에 익었다. 둘 중 한 사람이 의덕이 아버지였다.

특별한 임무

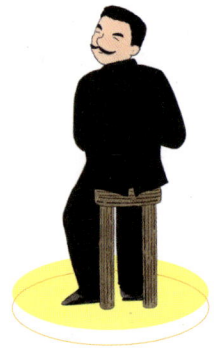

텅! 텅!

금발 여자가 채로 후려칠 때마다 공이 비명을 질러 댔다.

"……일 ……하고 있……."

가뜩이나 소리도 작게 들리는데, 공 치는 소리까지 끼어드니 대화가 뚝뚝 끊겼다. 의덕이 아버지 말고 다른 한 사람은 말투로 보아 일본인이 틀림없었다. 나는 나무 뒤에 숨어 더듬이처럼 귀를 빼고 소리를 모았다.

지금 내가 뭐 하고 있는 거지? 일본 사람하고 얘기하는 게 죄도 아닌데.

하지만 전차에 타고 표를 검사하고 있어야 할 의덕이 아버지가 왜 프랑스 공원에 와 있을까? 게다가 일본 남자는 너무 거들먹거리는 데다 목소리도 차갑고 딱딱했다.

'밀정, 정보를 파는 첩자.'

뇌리를 스치는 그 말에 세차게 도리질을 했다.

아니지. 아는 사람이 찾아와서 공원에 얘기 나누러 왔을 수도 있잖아. 다른 사람이면 몰라도 아저씨가 밀정일 리 없지. 의덕이네는 잘사는데 뭐가 부족해서…….

그때, 무시할 수 없는 말이 귀에 와 콕 박혔다.

"……임정 ……경무국…… 김구……."

그때부터 심장이 미친 듯이 뛰기 시작했다. 나는 후다닥 고개를 거두고 나무에 등을 바짝 붙였다. 머리카락이 쭈뼛 서고 등골에는 식은땀이 흘렀다.

어떡하지? 도망갈까? 아니야. 확실하지 않잖아. 조금 더 들어 봐야 해.

가슴을 부여잡고 고개를 빼꼼 내미는데, 마침 공이 저 멀리 풀숲으로 날아갔다. 중국인 아이가 공을 쫓아 줄달음질했다. 순간 두 사람의 말소리가 귓속으로 똑똑히 파고들었다.

"임정 요원들 사진 말이네. 그건 어떻게 되었나?"

"거의 손에 들어왔습니다. 먼저 사례비부터 두둑하게 챙겨 주시면……."

말도 안 돼. 아저씨는 조선 사람 일이라면 누구보다 열심히 도왔잖아.

나는 두 손으로 입을 꼭 틀어막았다. 소리가 새어 나올까 봐서 겁이 덜컥 났다.

이제 어쩌지? 경무국에 신고해야 하나? 의덕이는 어떡하고?

의덕이 생각에 마음이 무거워졌다. 안 그런 척 꼭꼭 숨겼지만, 속으로는 늘 의덕이가 부러웠다. 집에서 만든 원피스 한 벌을 아껴 입는 나와 달리, 의덕이는 원피스는 물론이고 바지와 셔츠까지 여러 벌이었다. 구두는 또 어떻고.

입는 것, 먹는 것 어느 하나 부족한 게 없어서인지 의덕이 얼굴에는 그늘이 한 점도 없었다. 그렇다고 동무들 앞에서 잘난 척하거나 남을 무시하지도 않았다. 가진 걸 베푸는 걸 좋아했고, 마음 씀씀이도 후했다. 나는 의덕이의 그런 너그러움조차 부러웠다.

경무국부터 가는 건 아니야. 상화 오빠한테 먼저 말해 보자.

머릿속에서 한바탕 전쟁을 치르고 나서야 겨우 결론이 났다. 그사이 두 사람은 가 버렸는지 더는 말소리가 들리지 않았다. 하지만 나는 두려움에 한참 동안 감히 움직일 수 없었다.

"어머니, 헉헉, 상화 오빠 집에 있어요? 헉헉."

집에 들어서자마자 오빠부터 찾았다. 나는 허리를 접고 가쁜 숨을 몰아쉬었다. 입안에서 쇠 맛이 나고 옆구리가 찌르는 듯이 아팠다. 의덕이와 혜원이한테 아프다고 둘러대고는 쉬지 않고 달려온 터였다.

"상화는 아직 안 들어왔어. 근데 웬 뜀박질이니? 어휴, 땀 좀 봐."

어머니가 국그릇을 내려놓으며 혀를 끌끌 찼다. 막 밥상을 차렸는지 김구 선생님이 숟가락을 들고 있었다.

"옥림이가 뜀박질 선수가 되려나 보네."

김구 선생님 목소리가 아니었다. 식탁 맞은편에 의덕이 아버지가 앉아 있었다.

아저씨가 왜 여기 있는 거야? 어떡해!

"찬은 없지만 김 선생님하고 같이 한술 뜨세요."

"아휴, 애 엄마가 처가에 가서 그냥 한 끼 굶으려고 했는데 고맙습니다."

의덕이 아버지가 밥을 크게 한 숟가락 푸고는 입안에 욱여넣었다. 털털하고 살가운 모습에 어머니와 김구 선생님이 흐뭇한 미소를 지었다.

어머니가 내게 시선을 돌리며 물었다.

"옥림이 너는 프랑스 공원에서 풍경화 그린다더니 왜 벌써

왔니? 의덕이는 어쩌고?"

'프랑스 공원'이라는 말에 의덕이 아버지와 내 어깨가 동시에 움찔했다. 나는 재빨리 말을 꾸며 냈다.

"배가 아파서 저만 일찍 왔어요."

"우리 옥림이 배앓이가 고질병이라 큰일이네. 많이 안 좋니?"

"아니요. 지금은 괜찮아요. 그냥 집에서 숙제나 하려고요."

어머니와 이야기하면서도 내 신경은 온통 의덕이 아버지한테 가 있었다. 내 말을 그대로 믿는지 의덕이 아버지는 내게서 금세 시선을 거두고 김구 선생님한테 말을 걸었다.

"경무국 일로 고생이 많으시지요?"

"남의 조계지에 붙어사는 처지니 보통의 경찰 업무와는 다를 수밖에요."

"거참, 경호원도 참으로 많겠습니다. 정복 입은 경호원 말고도 사복 입은 이들이 꽤 된다지요?"

"그건 경무국 비밀이라서 말씀드릴 수 없습니다."

김구 선생님이 표정을 굳히며 단호하게 말했다.

"아이고, 하하! 비밀을 묻다니 안 될 말이지요. 제가 실례했습니다. 상화 어머니, 국이 정말 맛있네요. 애 엄마한테 비법 좀 알려 주세요."

의덕이 아버지가 능청스럽게 둘러대며 너스레를 떨었다.

"음식은 의덕이 어머니가 더 잘하는데 그러시네요. 한 그릇 더 드릴까요?"

"아이고, 괜찮을까요? 맛있어서 그런지 많이 들어가네요."

의덕이 아버지는 남은 국물을 꿀꺽꿀꺽 마시더니 빈 그릇을 어머니한테 내밀었다. 어머니는 싫지 않은 얼굴로 그릇을 받아 갔다.

나는 부엌 한쪽에 도화지를 펴 놓고 조용히 그림을 그렸다. 하지만 마음이 널을 뛰어서인지 연필 선이 삐뚤빼뚤 지렁이처럼 기어갔다.

똑똑, 똑똑. 누군가 다급하게 문을 두드렸다. 부리나케 나가 보니 처음 보는 아저씨였다. 아저씨는 허겁지겁 안으로 들어왔다.

"김 선생님, 여기 계셨군요!"

"무슨 일이 생겼습니까?"

김구 선생님이 놀란 얼굴로 벌떡 일어났다. 아저씨는 안에 있는 사람들을 한 번 둘러보고는 잠시 고민하다 말을 꺼내 놓았다.

"며칠 전에 밀정을 통해 임시 정부에서 일하는 인사들 명단이 일본 손에 넘어갔다고 하셨지요?"

"네, 그랬지요. 어느 정도 넘어갔는지는 아직 밝히지 못했습니다. 그런데 무슨 일입니까?"

"지금 공공 조계에 동지가 와 있습니다. 신분이 노출될 수 있으니 프랑스 조계에서 만나는 건 피하기로 했지요. 오늘 밤 그 동지가 조선에 들어갈 예정인데, 국내에 전할 중요한 편지가 있습니다."

"우리 쪽에서 누가 노출됐는지 모르니 섣불리 전하러 갈 수 없는 상황이군요."

김구 선생님이 무겁게 말했다.

"네, 저는 상화 군을 떠올리고 상의드리려고 왔습니다."

"상화는 아직 안 들어왔어요. 어제도 저녁 늦게 들어왔는데 어쩌지요?"

어머니가 안타까운 표정을 지었다. 하지만 나는 속으로 발을 동동 굴렀다.

어머니, 절대 안 돼요. 의덕이 아버지도 오빠가 보조 경호원으로 일하는 걸 알잖아요.

이러지도 저러지도 못하고 갈팡질팡하고 있는데, 의덕이 아버지가 나섰다.

"저한테 맡겨 주십시오. 검표원이라 공공 조계를 밥 먹듯이 드나드니까 아무도 의심하지 않을 겁니다."

누가 봐도 믿음이 가는 얼굴이었다. 김구 선생님과 아저씨도 그리 생각했는지 표정이 밝아졌다. 반대로 나는 속이 시커멓게 타들어 갔다.

"그럼 의덕이 아버지께 부탁을……."

"잠깐만요!"

김구 선생님 말에 나는 손까지 번쩍 들고 크게 외쳤다.

"제가 할게요! 저한테 시켜 주세요!"

모두의 눈이 쏟아질 것처럼 나에게로 모였다.

쪼그라드는 용기

"제가 갈게요."

나는 다시 한번 힘주어 말했다. 결국, 저질러 버렸다.

"어디 어린애가 버릇없이 어른들 일에 함부로 끼어들어!"

의덕이 아버지가 눈을 부라리면서 호통을 쳤다.

"그래, 옥림아. 너는 방에 가 있으렴."

어머니가 내 어깨에 손을 얹으며 살살 타일렀다. 김구 선생님과 아저씨도 언짢은 듯 눈썹을 치켜세웠다.

"아저씨가 가는 것도 안전하지 않아요."

용기가 흩어질 것 같아서 나는 주먹을 힘껏 말아쥐었다. 그러고는 꿋꿋하게 말을 이어 나갔다.

"김 선생님이 경무국장이라는 건 일본도 벌써 알 거예요. 그런 김 선생님이 우리 집에 자주 오셨으니, 우리 집에 누가 사는지도 꿰고 있을 테고. 몰래 감시하고 있을지도 모르잖아요."

"그러는 너도 여기 사는 건 똑같잖아."

의덕이 아버지가 눈살을 찌푸리며 쏘아붙였다.

"저는 겨우 열한 살이에요. 누가 저를 의심하겠어요? 아저씨가 가셨다가 혹시라도 잡혀가면요? 의덕이와 오덕이, 그리고 아줌마 배 속에 있는 아기는 어떡하라고요? 의덕이는 저하고 제일 친한 동무란 말예요."

나는 의덕이 핑계를 대며 물고 늘어졌다. 내 말에 김구 선생님이 콧잔등을 긁으며 "흠." 소리를 냈다. 아저씨도 생각에 잠긴 눈으로 나를 뻔히 쳐다보았다.

"쓸데없는 소리 말고 네 어머니 말대로 방에나 가 있어라. 어린 게 겁도 없이 어디를 나서는 거야."

의덕이 아버지가 버럭 화를 냈다. 나는 어금니를 꽉 깨물었다. '아저씨는 밀정이잖아요.'라는 말이 목구멍 끝에서 찰랑거렸다.

"어머니, 저, 할 수 있어요."

어머니 눈을 보며 한 글자씩 또박또박 말했다. 입 밖으로 차마 내뱉지 못하는 말을 두 눈에 간절하게 담았다.

어머니, 제발 지금 제 편을 들어주세요. 안 그러면 큰일 나요.

어머니가 나를 물끄러미 바라보았다. 그러고는 내 어깨를 한 번 힘주어 잡았다가 놓았다. 다행히도 마음이 통한 것 같았다.

"옥림이 말대로 어른보다는 아이가 의심을 덜 받을 거예요. 옥림이한테 시키는 것도 생각해 봐 주세요."

어머니 말에 김구 선생님이 눈을 감고 이마를 문질렀다. 그러고는 곧 눈을 뜨더니 나를 똑바로 보며 물었다.

"옥림아, 이 일은 아주 위험한 일이야. 너 혼자 가야 하는 데다 위험에 빠졌을 때 도와줄 사람도 없어. 그런데도 정말 할

수 있겠니?"

"네, 자신 있어요."

"여기서야 일본 형사가 잡아갈 수 없다지만, 공공 조계에 한 발 내딛기 무섭게 일본 경찰국으로 끌려갈지도 몰라."

아저씨가 짐짓 엄한 얼굴로 을렀다.

형사한테 잡혀간다고?

아저씨 말에 덜컥 겁이 났다. 미처 거기까지는 생각하지 못했다. 그러나 절대로 의덕이 아버지가 가게 할 수는 없었다.

편지가 일본에 넘어가면 누가 얼마나 다칠지 몰라.

새로 생긴 우리 가족은 물론이고, 우리 집에 드나드는 임시 정부 선생님들과도 정이 듬뿍 들었다. 아무도 잃고 싶지 않았다. 두 번 다시는…….

아, 아버지도 이런 마음이었을까?

문득 엄마 말이 생각났다. 아버지가 독립군이 된 것은 나와 엄마를 위해서였다고 했다. 아버지는 사랑하는 가족과 나라를 위해서 목숨까지 걸었다.

나는 쪼그라드는 용기에 힘껏 바람을 집어넣었다.

"우리 아버지가 독립군이었어요. 아버지 딸이니 저도 할 수 있어요."

부러 가슴을 펴고 큰 소리로 말했다.

바람이 시원하게 얼굴을 가르며 불어왔다. 인력거꾼 아저씨가 빨리 달릴수록 바람도 세졌다.

내가 가야 하는 곳은 공공 조계 내의 와이탄이었다. 와이탄은 황푸강을 끼고 우뚝 솟은 건물들이 숲을 이루는 곳이었다. 집에서 꽤 멀어서 인력거를 타고 가야 했다.

나는 멍하니 앉아 중국인 인력거꾼 등에서 땀이 도르르 흘러내리는 걸 보고 있었다. 아저씨는 웃통을 벗고 잠방이만 입은 채 맨발로 바닥을 쌩쌩 달렸다.

무사히 편지를 전달할 수 있을까?

큰소리 탕탕 치기는 했지만, 겁이 나는 건 어쩔 수 없었다. 슬쩍 배 위로 손을 얹었다. 원피스 위에 두른 복대가 만져졌다. 이 복대를 다시 차게 될 줄은 몰랐다. 문득 불룩하게 튀어나온 원피스 주머니로 눈길이 갔다.

주머니에 손을 넣어 색동 주머니를 꺼냈다. 단단하게 조인 노끈을 벌리자 눈깔사탕들이 보였다. 김구 선생님이 편지와 함께 선물로 전해 달라고 한 거였다. 아마도 동지란 사람한테 아이가 있는 모양이었다. 망설이다 하나를 꺼내 입으로 가져갔다. 한두 개 정도는 꺼내 먹어도 된다고 했다.

달다…….

사탕을 입안에서 살살 굴리며 스치는 풍경들을 바라보았다. 그림으로 그리고 싶을 만큼 예쁜 거리가 이어지고 있었다. 도화지를 가져올 걸 그랬나? 괜스레 되지도 않는 여유를 부려 보았다.

얼마 안 가 저 멀리 황푸강이 보였다. 나는 허둥대며 사탕을 와그작와그작 깨물어 먹었다. 심장이 쿵쾅쿵쾅 터질 듯이 방망이질해서 가슴을 움켜잡았다. 인력거가 왼쪽으로 방향을 꺾어 강을 따라 달려 나갔다. 곧 와이탄이었다. 그곳은 더 이상 프랑스 조계가 아니었다.

하나, 둘, 셋! 와이탄으로 들어설 때 나는 눈을 꼭 감았다. 어디선가 칼이 날아와 목을 댕강 자를까 싶어 실눈조차 뜰 수 없었다.

 몇 초 뒤 나는 덜덜 떨리는 손을 들어 목을 만져 보았다. 다행히 멀쩡히 붙어 있었다. 아직은 별일 없었다.

 인력거가 멈췄는지 바람이 멎었다. 나는 슬며시 눈을 떴다. 눈앞에 엄청 높은 건물이 보였다.

 "여기가 팰리스 호텔이다."

 인력거꾼 아저씨가 말했다. 안도의 숨이 터져 나오며 어깨가 아래로 탁 내려갔다. 공공 조계에 무사히 들어왔다. 잡는 사람은 아무도 없었다.

 휴, 살았다. 이제 편지만 전하면 돼. 괜히 떨었잖아.

 입꼬리가 저절로 헤실헤실 풀어졌다. 웃으며 호텔 정문을 향해 갈 때였다. 누군가 뒷덜미를 거칠게 낚아챘다.

 "조센징, 어딜 들어가려고!"

 나는 재빨리 고개를 돌렸다. 헉! 프랑스 공원에서 본 일본인 형사가 잡아먹을 듯 내려다보고 있었다. 순간 머릿속이 하얘졌다.

 "어린 게 돼먹지 못하게 벌써 독립군질이야?"

형사가 윽박지르며 뒷덜미를 흔들어 댔다. 나는 억센 손아귀가 잡아끄는 대로 이리저리 정신없이 휘둘렸다. 멀미가 날 것 같았다.

"왓 아 유 두잉 나우?"

갑자기 꼬부랑말이 끼어들었다. 빨간 머리 서양 여자가 화난 얼굴로 형사한테 마구 삿대질해 댔다. 이 소란에 지나가던 사람들이 걸음을 멈추고 우리를 쳐다보았다. 서양 사람, 중국 사람, 일본 사람, 인도 사람……. 피부색도 옷도 모두 제각각이었다. 하지만 형사를 보는 싸늘한 눈빛만은 한결같았다.

"포리스! 포리스! 아이 앰 포리스!"

형사가 손을 놓고 짜증스럽게 외쳤다. 그러자 사람들은 이내 관심을 거두고 다시 가던 길을 갔다. 기적처럼 내 앞에 나타났던 동아줄들이 하나둘 다시 멀어지는 걸 보고 점점 피가 말랐다. 제발 가지 마세요.

다행히도 빨간 머리 여자는 가지 않았다. 근처에서 팔짱을 낀 채 우리를 지켜보았다.

"내 손으로 뒤지기 전에 감추고 있는 걸 내놓는 게 좋을 거

야."

"그런 거 없어요. 보내 주세요, 제발."

바들바들 떨면서 겨우겨우 말을 토해 냈다.

"다 알고 왔는데 어디서 거짓말이야? 네 집에 김구가 드나드는 걸 모를 줄 알아?"

"그분은 그저 우리 집에 밥을 드시러 오는 거예요."

"좋은 말로 하려 했는데 안 되겠네. 아까 김구한테서 받은 거 당장 내놔."

어떻게 알았지? 설마 했는데 벌써 의덕이 아버지가……?

말문이 턱 막혔다. 나는 돌처럼 굳어 꼼짝도 할 수 없었다. 형사가 코웃음 치며 몸을 뒤져 순식간에 복대와 사탕 주머니를 가져갔다.

"이래도 거짓말할 거야?"

형사가 의기양양하게 복대를 내보였다. 그러고는 내 앞에서 바로 사납게 뜯었다. 북북! 실밥 터지는 소리에 내 심장도 같이 터졌다. 나는 눈을 질끈 감았다. 괜히 하겠다고 나섰다는 후회가 폭풍처럼 밀려왔다.

이제 어떻게 되는 거지? 이대로 경찰서에 끌려가 고문받게 될까? 아는 걸 말하라며 죽을 때까지 때릴지도 몰라. 근데 나는 아는 게 없잖아.

눈앞이 아찔하더니 온 세상이 캄캄해졌다. 갑자기 멱살을 잡히는 바람에 눈이 번쩍 떠졌다.

"이게 뭐야? 편지 어딨어?"

형사가 들이대는 걸 보고 입이 떡 벌어졌다. 왜 저게?

언젠가 그날이 오면

위로 힘차게 솟구쳐 오르는 여러 갈래의 둥근 선들. 선은 비뚤배뚤 고르지 않았다.

"분수대를 그린 거예요. 프랑스 공원에 있는."

나는 멍한 얼굴로 도화지를 가리켰다.

"누가 그림 설명 듣겠대?"

형사가 씨근덕거리며 도화지를 이리저리 돌려서 살펴보았다. 무슨 암호라도 숨겨 두었을 줄 아나 보다. 그런 게 있을 턱이 없다. 내가 그린 그림이니까.

아까 모두가 보는 앞에서 복대에 편지를 챙겨 넣은 뒤 함께 집을 나섰다. 그때 김구 선생님이 맨 뒤에 처져서 나왔다. 김구 선생님 바로 앞에 경호원 아저씨가 있었기 때문에 덩치에 가려 잘 보이지 않았는데, 그때 편지랑 그림을 바꿔치기했나? 그럼 비밀 편지는 어떡하고?

"에잇! 여긴 뭐가 들은 거야?"

형사가 도화지를 구겨서 던지고는 사탕 주머니를 거꾸로 탈탈 털었다. 데구루루. 왕방울만 한 눈깔사탕들이 우박처럼 쏟아져 어지럽게 굴러다녔다.

"아얏!"

누군가 사탕을 밟고 벌러덩 넘어졌다. 또 다른 사람은 사탕을 피하려다 미끄러졌다. 호텔 앞은 사탕 때문에 넘어지고 엎어지고 난리가 났다. 사람들은 각자 제 나라말로 아우성치며 형사한테 따졌다.

"에, 그게, 그게……."

형사가 말을 더듬으며 쩔쩔맸다. 그러다 고개를 홱 돌려 나를 노려보았다.

"이게 다 네년 때문에!"

"제가 뭘요? 사탕을 쏟은 건 아저씨잖아요. 내 사탕값이나 물어내요."

어디서 용기가 솟아났는지 나는 형사한테 따져 물었다.

"뭐야? 에잇!"

형사는 제 분을 못 이기고 사탕 주머니를 바닥에 내팽개쳤다. 그러고는 사람들의 항의를 뒤로한 채 도망치듯 가 버렸다.

주르르. 다리가 풀려 바닥에 털썩 주저앉았다. 도대체 뭐가 어떻게 된 거지? 이제 어째야 하지? 나는 사탕 주머니를 주우며 다리에 억지로 힘을 주었다.

그래, 이거라도……, 이거라도 전하자. 동지란 분을 만나 무슨 일이 있었는지 잘 설명하는 거야.

쪼그리고 다니며 사탕을 하나하나 집어넣었다. 사람들 발길에 산산이 조각난 사탕을 보니 마음이 아렸다. 죽을지도 모른다는 생각으로 여기까지 왔는데, 결국 다 헛수고가 되었다.

그런데 누군가가 사탕을 주워 쑥 내밀었다.

"여기 하나 더 있어!"

발음이 어설픈 조선말에 고개를 드니 아까부터 줄곧 나와 형사를 지켜보던 빨간 머리 서양 여자였다.

"사탕 주머니가 참 예쁘네. 나한테 팔 수 있니?"

설마! 나는 쑥물이 든 것 같은 여자의 녹색 눈동자를 빤히 쳐다보다 띄엄띄엄 말했다.

"혹시, 당, 근, 꽃?"

"응, 내가 당근 꽃이야."

"당근도 꽃이 있어요?"

밭에서 수없이 당근을 뽑아 봤지만, 꽃은 기억나지 않았다.

"그럼. 꽃이 있으니 열매도 맺지. 당근 꽃의 꽃말은 '죽음도 아깝지 않으리.'란다. 참 무시무시한 말이지?"

팰리스 호텔 로비로 가서 직원한테 '당근 꽃'을 찾으라고 했을 때는 마냥 어리둥절했다. 그러니 서양 여자가 튀어나올 줄은 꿈에도 몰랐다.

나는 사탕 주머니를 건네며 풀이 죽어 말했다.

"드릴 게 이거밖에 없어요. 비밀 편지는 어찌 된 일인지 없거든요. 저건 제가 그린 그림이고요."

저만치 사람들 발에 밟혀 더러워진 도화지가 보였다.

"노노. 너는 임무를 제대로 완수했어. 진짜는 이거거든."

아줌마가 사탕 주머니를 흔들어 보이며 눈을 찡긋했다. 그러고 보니 인력거가 출발하기 전 김구 선생님이 귓가에 대고 이렇게 말했다.

"혹시라도 편지를 못 전할 상황이 오면 사탕 주머니라도 꼭 전해 주겠니?"

나는 이해가 되지 않아 고개를 갸우뚱했다.

"아까 오면서 주머니를 열어 봤지만 사탕만 들어 있던데요."

"후후, 중요한 건 주머니가 아니라 끈이야."

끈이라고? 사탕 주머니 끈은 한지를 꼬아 만든 노끈이었다. 끈으로 꼬기 전에 한지에다 글을 썼다는 말 같았다.

"아무튼, 수고했어. 의심을 살지 모르니 나는 이만 갈게. 사탕은 잘 받았다고 전해 주렴."

아줌마는 내 손등을 두드려 주고는 호텔 안으로 들어갔다.

조선말 참 잘하네. 귀신이든 도깨비든 뭔가에 잔뜩 홀린 것처럼 기분이 얼떨떨했다. 그건 그렇고 정말 다 끝난 건가?

나는 기운이 쪽 빠져 털레털레 걸었다. 와이탄은 샤페이루보다 번잡하고 차가 많았다. 사거리에서 머리에 누르스름한 천을 겹겹이 두른 인도인 순사가 교통정리를 하고 있었다. 나는 인력거를 찾아 두리번거렸다. 그런데 반대편 길을 낯익은 구두닦이가 걸어가고 있었다.

"상화 오빠!"

목이 터지게 오빠를 불렀다. 내 소리를 들었는지 오빠가 주위를 두리번거렸다. 그러다 나를 발견하고는 눈이 눈깔사탕만큼 커졌다.

"옥림아, 거기 있어!"

상화 오빠가 손나팔을 만들어 크게 외쳤다.

"응, 응."

연신 고개를 끄덕이며 오빠가 차들을 세우며 급하게 도로를 가로질러 오는 걸 지켜보았다. 빵! 빵! 자동차들이 오빠를 향해 악을 써 댔다. 인도인 순사도 호루라기를 불었다. 드디어 오빠가 왔지만, 눈앞이 뿌예서 오빠 얼굴이 제대로 보이지 않았다.

"옥림아, 왜 울어? 그리고 왜 여기 있는 거야?"

"으앙. 오빠!"

눈물이 폭포수처럼 쏟아졌다. 오빠가 내 등을 토닥토닥 두드렸다.

"그래그래. 우리 옥림이, 그만 울어야 착한 애지."

"몰라, 몰라. 나, 안 착할래."

나는 목 놓아 실컷 울었다. 오빠를 보니 이제야 긴장이 풀어졌다.

"오빠, 인력거 타라고 받은 거로 아이스크림 사 먹자. 까짓거 걸어가지, 뭐. 응?"

집으로 가면서 오빠 팔에 매달려 졸라 댔다.

"코 묻은 돈일랑은 집어넣으서. 구두 닦아서 번 돈으로 오빠가 사 줄게. 저기 잡화점 보인다. 나는 바닐라 맛 먹을 건데 옥

림이 너는 무슨 아이스크림이 좋아?"

"초콜릿 아이스크림! 의덕이하고 나는 무조건 초콜릿이야."

의덕이 이름을 뱉고 나자 가시를 삼킨 것처럼 마음이 따끔따끔했다.

"옥림아, 왜 그래?"

"오빠, 어떡하지? 의덕이 아버지가 밀정인 것 같아."

울컥해서 다시 눈물이 날 것 같았다.

"뭐?"

갑자기 따귀라도 맞은 사람처럼 오빠는 입만 벙긋벙긋했다. 눈동자도 갈 길을 잃고 갈팡질팡했다.

"어쩜 좋지?"

내가 울먹이자 오빠가 작게 한숨을 내쉬고는 내 머리를 쓰다듬었다.

"옥림아, 그 문제는 어른들께 말씀드려 좀 더 알아보자. 우리, 지금은 아이스크림이나 먹으러 갈까?"

"……응, 그래."

나는 머리에서 의덕이 생각을 털어 냈다. 밀정도, 독립운동도 다 잊고 당장은 오빠랑 함께 있어서 참 좋다는 것만 생각하기로 했다.

"오빠, 이런 걸 영어로 '데이트'라고 한다며?"

"역시 우등! 영어도 잘하네."

"다신 그 말 안 한다고 약속했잖아!"

빽 소리를 지르며 발을 쾅쾅 굴렀다.

"내가 그랬었나? 기억이 안 나는데."

오빠가 혀를 메롱 하고 내밀었다.

우리는 아웅다웅 쫓고 쫓기며 거리를 뛰어다녔다. 마치 식민지 백성이 아닌 평범한 나라의 사람들처럼 웃고 떠들었다. 언젠가 그날이 오면 맨날 이럴 수 있을까?

초여름 햇살이 나뭇잎 사이로 쏟아져 들어오며 눈부시게 빛났다.

《임시 정부의 꼬마 신부》 제대로 읽기

국민이 나라의 주인이 되는 날까지,
대한민국 임시 정부

일제 강점기가 뭔지 알지? 1910년에 일본에 국권을 빼앗긴 이후 1945년 광복되기까지 35년간의 시대를 말해. 나라의 주권을 국민들의 손으로 되찾아, 국민이 주인인 나라를 만들고 싶다는 열망이 가득할 수밖에 없었던 시기야. 그 열망을 모아 수립한 첫 번째 정부가 바로 '대한민국 임시 정부'지. 그 후 대한민국 임시 정부는 독립운동을 이끄는 최전선에 있게 돼.

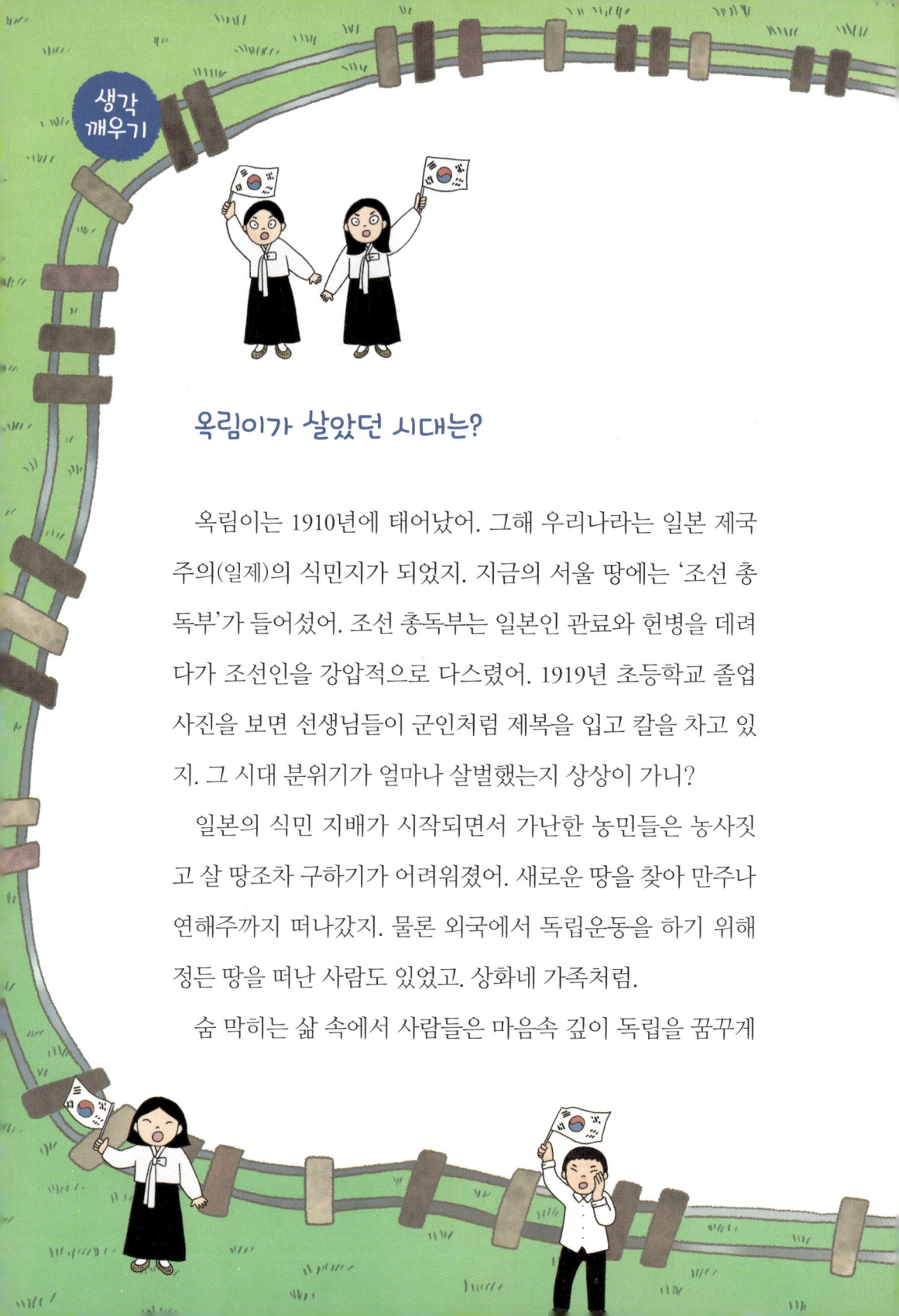

생각 깨우기

옥림이가 살았던 시대는?

옥림이는 1910년에 태어났어. 그해 우리나라는 일본 제국주의(일제)의 식민지가 되었지. 지금의 서울 땅에는 '조선 총독부'가 들어섰어. 조선 총독부는 일본인 관료와 헌병을 데려다가 조선인을 강압적으로 다스렸어. 1919년 초등학교 졸업사진을 보면 선생님들이 군인처럼 제복을 입고 칼을 차고 있지. 그 시대 분위기가 얼마나 살벌했는지 상상이 가니?

일본의 식민 지배가 시작되면서 가난한 농민들은 농사짓고 살 땅조차 구하기가 어려워졌어. 새로운 땅을 찾아 만주나 연해주까지 떠나갔지. 물론 외국에서 독립운동을 하기 위해 정든 땅을 떠난 사람도 있었고. 상화네 가족처럼.

숨 막히는 삶 속에서 사람들은 마음속 깊이 독립을 꿈꾸게 되었어. 1919년 3월 1일, 어린 학생들과 평범한 시민들이 서울 한복판, 탑골 공원에 모여 태극기를 들고 부르짖었어.

"대한 독립 만세!"

작은 공원에서 시작된 만세 시위는 전국 방방곡곡으로 들불처럼 번져 나갔어. 일제는 시위대를 향해 무자비하게 총을 쏘았어. 얼마나 많은 사람이 죽고, 다치고, 체포되었나 몰라.

이제 독립운동가들은 수많은 사람들이 독립을 바란다는 걸 알게 되었어. 그 마음을 이끌 중심 기관이 필요했지. 그래서 1919년 4월 11일에 드디어 중국 상하이에 대한민국 임시 정부가 수립된 거야.

대한민국 임시 정부가 뭐야?

대한민국 임시 정부는 그전까지 '대한 제국'으로 불리던 나라 이름을 '대한민국'으로 새로 짓고, 이렇게 선포했어.

"대한민국은 민주 공화제로 한다. 대한민국 인민은 남녀

대한민국 임시 정부는 맨 처음에 상하이에 자리를 잡았지만, 이후 일제의 감시를 피해 일곱 번이나 자리를 옮겨야 했어.

귀천 및 빈부의 계급이 없고 일체 평등하다."

대한민국에서는 국민이 나라의 주인이요, 모든 국민이 평등하다는 뜻이었지. 대한 제국 시대까지는 군주(왕)가 나라 주인이나 다름없었거든.

그런데 임시 정부는 왜 중국 땅에 자리를 잡았을까? 바로 일제의 간섭을 덜 받고 외교 활동을 활기차게 해 나가기 위해서였어. 그때 상하이는 여러 나라 공사관(외교관이 일하는 곳)

이 모인 도시였거든.

　상화 아버지가 만들던 〈독립신문〉을 기억하니? 이 신문으로 독립운동 소식과 일제의 만행을 세상에 전할 수 있었어.

　임시 정부가 나라 밖에 있으니 나라 안과 연락을 주고받기 어렵지 않았을까? 이를 위해 만든 비밀 연락망이 '연통제'야. 국내에 임시 정부의 문서와 명령을 전달하고 독립 자금을 모으는 일을 했지. 상화가 기차를 탈 때, 돈과 패물을 숨겨 왔잖아? 그런 게 바로 연통제의 임무였어.

대한민국 임시 정부 요인들이 1921년 새해를 맞아 찍은 기념사진이야. 맨 아랫줄 왼쪽에서 세 번째가 김구, 그다음 줄 왼쪽에서 일곱 번째가 이승만, 그 오른쪽으로 네 번째가 안창호.

김구가 누구야?

대한민국 임시 정부를 대표하는 얼굴은 누구일까? 안창호, 여운형, 이승만 등 여러 사람이 있겠지만, 그중에 김구를 빼놓을 수 없어.

김구의 호는 '백범(白凡)'이야. 가장 낮은 계급(백정, 白丁)에 속한 사람도, 가장 평범한 사람(범부, 凡夫)도 한마음으로 독립을 꿈꾸길 바라 지은 이름이라고 해. 그래서 김구는 아주 일찍부터 어린이와 청소년을 가르치는 데 힘썼지.

김구, 할 때 별명처럼 따라붙는 말 중에 '나라의 문지기'가 있어. 상하이에 대한민국 임시 정부가 세워지자, 김구는 문지기가 되어도 좋으니 함께 일하고 싶다며 찾아갔대. 그러자 임시 정부 사람들은 김구에게 문지기 대신 '경무국장' 자리를 맡겼지. 경무국장은 지

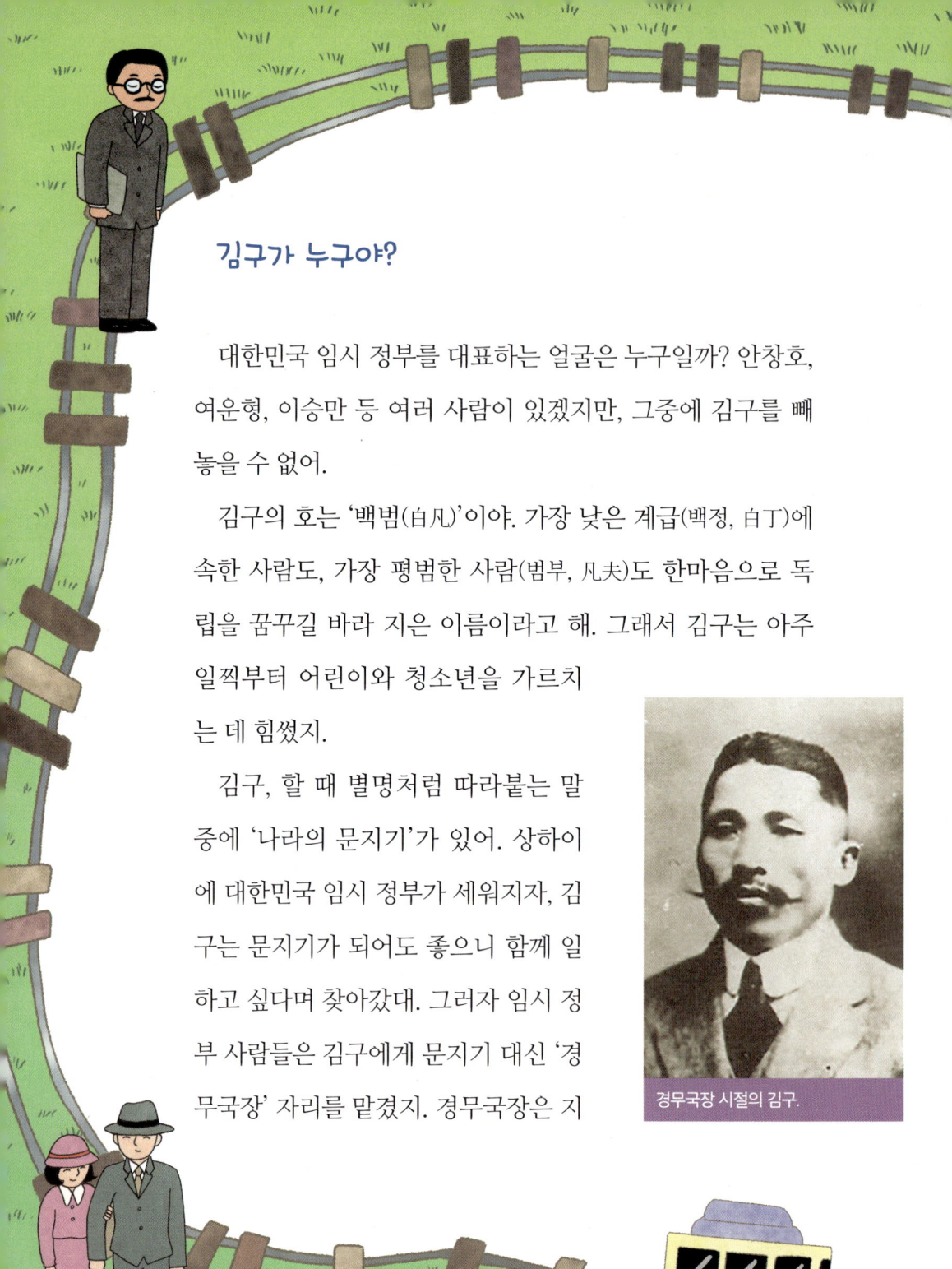

경무국장 시절의 김구.

금으로 치면 경찰청장이야. 경무국장 김구는 수많은 밀정을 체포했어. 밀정이 독립운동과 관련된 중요한 정보를 캐내 일제에 팔아넘겼거든.

1930년대에 김구는 일제의 핵심 세력을 공격하는 '한인 애국단'을 이끌었어. 한인 애국단원 이봉창은 일본 도쿄에서 일본 왕에게 수류탄을 던졌고, 윤봉길은 일본 왕의 생일을 기념하는 상하이 훙커우 공원 행사에서 폭탄을 터뜨렸지.

1940년대에 김구는 임시 정부의 주석이 되었고, 1945년에 광복을 맞아 국민이 나라의 주인이 되는 그날까지 독립운동을 이끌었어. 그래서 지금도 독립운동가, 하면 자동으로 떠오르는 인물 중 하나로 우리의 마음속에 자리 잡고 있지.

옥림이의 실제 모델은 누구일까?

용기와 의지로 똘똘 뭉친 우리의 주인공 유옥림은 사실 독립운동가 정정화를 모델로 삼아 빚어낸 상상 속 인물이야.

정정화는 열 살에 결혼해 일찍부터 시집살이를 했어. 스무 살 되던 해 시아버지와 남편이 독립운동을 위해 상하이로 망명하자, 자신도 그 뒤를 따르기로 했지. 그런데 상하이에 도착한 정정화가 제일 먼저 마주한 것은 지독한 가난이었대.

임시 정부 요원들은 주먹밥에 한두 가지 반찬으로 조촐하게 끼니를 때우고, 헝겊신이나 짚신을 신고 다녔어. 다들 값싼 천으로 만든 중국 옷 창산을 걸친 채 상거지와 다름없는 생활을 했지.

김구는 정정화의 집에 와서 밥을 먹을 때가 많았는데, 워낙 키도 크고 덩치가 우람해서 식사 양이 많았다나 봐. 정정화는 소박한 밥상을 차려도 김구가 달게 밥을 삼킬 때면 언제나 생각했대. '빨리 형편이 펴서 더 나은 걸 해 드리면 좋겠다.'고.

정정화는 독립운동 자금을 마련하려고 발 벗고 나섰어. 한밤중에 쪽배로 압록강을 건너기도 했어. 안동에서 상하이 가는 배를 탈 때는 옥림이처럼 사흘간 뱃멀미에 시달렸을 거야. 그러다 일본 경찰에게 체포된 적도 있지만, 그 뒤로도 꿋꿋이 국경을 건넜어. 총 여섯 번이나!

'임시 정부의 살림꾼' 정정화. ⓒ(사)대한민국임시정부기념사업회 사진 제공

　윤봉길 의사의 의거 후 임시 정부는 일제의 탄압을 피해 상하이를 떠나 드넓은 중국 땅 여기저기 옮겨 다녔어. 한번은 임시 정부 식구 100여 명이 일본군의 공습을 받으며 기차로, 배로 목숨을 건 피난을 떠났지. 한 달 열흘이나 배 위에서 삼시 세끼를 해 먹어야 했는데, 그 힘든 여정에서 뒷바라지는 모두 정정화의 몫이었어.
　그러고 보면 총과 칼을 들고 싸워야만 독립운동일까 싶어. 밥을 짓고 바느질을 하며 보이지 않는 곳에서 헌신했던 사람들, 독립 자금을 모아 춥고 어두운 강을 건넌 사람들, 학교를 세우고 아이를 길러 내던 사람들, 인쇄기를 돌려 신문을 찍던 사람들……. 그 가운데 정정화의 삶은 우리에게 잘 알려지지 않은 여성 독립운동가의 모습을 생생히 그려 주지.

생각 나누기

◈ 독립운동을 할 때 꼭 목숨까지 바쳐서 싸워야 할까?

음……, 나는 왜 그러는지 알 거 같아. 주권을 빼앗겨서 아무것도 할 수 없는데 그냥 참고만 살 수는 없잖아. 일본의 횡포도 이만저만이 아니고. 가만히 앉아 있으면 세상은 달라지지 않아. 그래서 목숨을 내놓고 싸우는 거지.

나는 생각이 달라. 인생은 한 번뿐이잖아. 나라든 뭐든, 내가 없으면 무슨 소용이야? 이야기 속에 나오는 것처럼, 독립된 대한에는 화가도, 과학자도, 선생님도, 의사도, 건축가도 필요할 거야. 나는 나만의 방식으로 더 좋은 세상을 만들어 보겠어.

• 내 생각은?

◆ 국익을 위해 다른 나라를 침략하는 거, 어떻게 생각해?

역사책을 보면 전쟁은 어디에서나 일어나. 한정된 땅덩이에 살면서 서로 경쟁하는 건 자연스런 일이잖아? 결국은 스스로 강해지는 것만이 답이야. 힘이 약하면 강한 자의 먹이가 될 수밖에 없으니까. 그게 자연의 법칙인걸!

흠……, 전쟁이 일어나면 피해를 보는 건 평범한 사람들이야. 우크라이나 전쟁도 그렇잖아. 우크라이나 국민들이 끔찍하게 죽는 건 말할 것도 없고, 러시아 청년들도 난데없이 군대로 끌려가 전쟁터에서 죽고. 어디 그뿐이야? 전 세계가 경제 위기의 소용돌이에 빨려들기도 하잖아.

• 내 생각은?

임시 정부의 꼬마 신부

첫판 1쇄 펴낸날 2023년 5월 24일
　　2쇄 펴낸날 2023년 10월 10일

지은이 신은경　**그린이** 국민지
감수 전국초등사회교과모임
발행인 김혜경　**편집인** 김수진
주니어 본부장 박창희
편집 강정윤 정예림 조승현
디자인 전윤정 김혜은　**마케팅** 최창호 임선주
경영지원국 안정숙　**회계** 임옥희 양여진 김주연
인쇄 신우인쇄　**제본** 신우북스

펴낸곳 (주)도서출판 푸른숲
출판등록 2003년 12월 17일 제2003-000032호
주소 경기도 파주시 심학산로 10, 우편번호 10881
전화 031) 955-9010　**팩스** 031) 955-9009
인스타그램 @psoopjr　**이메일** psoopjr@prunsoop.co.kr
홈페이지 www.prunsoop.co.kr

ⓒ 신은경·국민지, 2023
ISBN 979-11-5675-375-9　74810
　　　979-11-5675-074-1 (세트)

* 잘못된 책은 구입하신 서점에서 바꾸어 드립니다.
* KC 마크는 이 제품이 공통안전기준에 적합하였음을 의미합니다.
* 던지거나 떨어뜨려 다치지 않도록 주의하세요.

이 책은 서울특별시, 서울문화재단 '2023년 창작집 발간지원사업'의 지원을 받아 발간되었습니다.